LE QUADRILLE DES ENFANS.

CINQUIEME ÉDITION.

A V I S.

SI malgré l'Inſtruction & les Avertiſſemens que l'on a inſérés dans cette Méthode, quelques Perſonnes ſe trouvoient encore arrêtées par des difficultés qui n'auroient pas été prévues, elles pourront conſulter de vive voix, ou par écrit, le Directeur *de la Penſion Académique du Faux-bourg Saint-Honoré*, N°. 42, ou l'Éditeur, *rue Montmartre, près celle Plâtriere, Maiſon de M. Caſtellan, à Paris.* Ils ſe feront un plaiſir de donner tous les éclairciſſemens qu'on déſirera. Ceux qui leur feront l'honneur de leur écrire, ſont priés d'affranchir leurs Lettres.

On pourra auſſi s'adreſſer auxdits Directeur ou Éditeur, pour avoir un Maître en état d'enſeigner à lire par cette Méthode.

LE QUADRILLE DES ENFANS,

Par féu M. BERTHAUD,

Avec lequel, par le moyen de quatre-vingt-quatre Figures, & sans épeler, ils peuvent, à l'âge de quatre ou cinq ans, & au-deffous, être mis en état de lire à l'ouverture de toutes fortes de livres, en trois ou quatre mois, même plutôt, felon leurs difpofitions.

DÉDIÉ

Aux Enfans de S. A. S. Monfeigneur le Duc de CHARTRES.

NOUVELLE ÉDITION,

REFONDUE, abrégée & perfectionnée à leur ufage, avec une Inftruction fur la maniere de fe fervir des Fiches & du Livre.

Par M. ALEXANDRE,

Profeffeur Émérite, & Penfionné de l'École Royale Militaire.

Segniùs irritant animos demiffa per aurem,
Quàm quæ funt oculis fubjecta fidelibus.
HORACE, Art Poétique.

A PARIS,

De l'Imprimerie de COUTURIER.

Et fe vend chez la veuve BERTHAUD, à la Penfion Académique du Fauxbourg Saint-Honoré, n°. 42.

M. DCC. LXXXIII.

Avec Approbation & Privilege du Roi.

AUX ENFANS

DE

SON ALTESSE SÉRÉNISSIME

MONSEIGNEUR

LE DUC DE CHARTRES.

MESSEIGNEURS ET MADEMOISELLE,

LA Nature, en vous enrichiſſant de ſes dons les plus rares, n'a confié la perfection de ſon ouvrage qu'aux mains de la Sageſſe & des Talens. Elle a voulu que vous fuſſiez redevables à ceux-mêmes dont vous tenez le jour, d'un bien plus précieux que la naiſſance , l'Éducation. Puiſſent-ils , dans le cours glorieux d'une longue vie , recueillir le fruit de leurs tendres ſoins. Puiſſe une carriere ſi heu-reuſement commencée , retracer à chaque pas l'image de vos vertus naiſſantes.

Vous avez juſtifié ſans peine , dans toute leur étendue , les ſuccès & les avantages que j'ai annoncés , en propoſant cette Méthode adoptée pour votre uſage. Pour lui donner la plus grande authenticité , il ne falloit plus , de votre part , que permettre que cette nouvelle Édition vous fût conſacrée. Qu'il eſt glorieux pour moi , après avoir contribué en quelque choſe à votre premiere éducation , d'apprendre au public quel ſuffrage j'ai mérité ! Heureux , dans l'hommage légitime que j'ai l'honneur de rendre aujourd'hui à Vos Altesses Sérénissimes , d'offrir aux jeunes perſonnes & aux parents, l'exemple le plus digne de leur émulation.

Je ſuis avec reſpect ,

MESSEIGNEURS ET MADEMOISELLE ,

DE VOS ALTESSES SÉRÉNISSIMES ,

Le très-humble & très-
obéiſſant Serviteur ,

ALEXANDRE.

AVERTISSEMENT
PRÉLIMINAIRE,

A la suite duquel on trouvera une Instruction sur la maniere de se servir des Fiches & du Livre.

CETTE Méthode, dont l'invention est due aux recherches de M. Berthaud, & qui parut pour la premiere fois en 1744, avec un succès prodigieux, étoit tombée dans une sorte d'oubli par la mort de l'Auteur. En 1777, M. Alexandre, assuré de toute son utilité, eut l'honneur de la proposer à S. A. S. Monseigneur le Duc de Chartres, & elle fut adoptée par ce Prince, qui daigna faire choix de cet Éditeur, pour l'enseignement de la lecture auprès des jeunes Princes & Princesses, ses Enfans. Comme il n'existoit plus alors d'exemplaires de cet Ouvrage, il fut réimprimé pour leur usage, mais avec tant de précipitation, qu'il s'y étoit glissé des fautes & des transpositions qui pouvoient en rendre la pratique difficile. M. Alexandre, qui en connoît parfaitement l'esprit & le plan, s'est chargé de travailler à l'édition que l'on donne aujourd'hui au public, & d'en suivre l'exécution, au nom de Madame la veuve Berthaud, qui en conserve le privilege, & qui a continué de tenir avec distinction la Pension Académique établie depuis nombre d'années rue & fauxbourg Saint-Honoré, n°. 42.

Cette nouvelle édition, que l'on a refondue entiérement, pour la rendre encore plus abrégée, plus méthodique & plus correcte que la précédente, offre, dans le Livre même, une Instruction préliminaire & successive, d'après une longue expérience, sur la maniere de se servir des Fiches & du

Livre, enforte que cet Ouvrage a acquis un dégré de perfection tel qu'on eft perfuadé qu'il ne laiffera rien à defirer. Le Livre feul pourra fuffire à ceux qui ne voudront pas faire la dépenfe des Fiches; mais les Enfans y perdront du côté de l'amufement qu'il faut faire entrer, autant qu'il eft poffible, dans toutes les parties de l'enfeignement.

Les fuccès auffi faciles que rapides, obtenus journellement par cette Méthode, & le fuffrage des perfonnes de la plus grande diftinction qui l'ont adoptée, fuffifent pour prouver combien elle a d'avantages fur tous les autres fyftêmes anciens où modernes. Ces avantages font fi précieux & fi certains, que l'on doit avancer, fans craindre d'être contredit, que tout Enfant de quatre (1) à cinq ans, & même au-deffous (2), peut apprendre à lire en moins de trois mois, s'il eft bien montré, & fur-tout s'il eft docile.

Qu'il foit permis de dire ici que malheureufement cette difpofition, la docilité, fi effentielle pour les progrès, ne fe rencontre pas dans tous les fujets, parce que trop ordi-

---

(1) On pourroit, à commencer depuis 1778, préfenter ici une lifte confidérable d'Enfans de l'âge de trois ans & demi, de quatre & de cinq, qui ont fait des progrès étonnants; mais on fe bornera à en citer, y étant dûment autorifé, quelques-uns de chaque claffe.

Mademoifelle de Chartres, qui eft dans celle des Enfans de cinq ans, a commencé à lire couramment au bout de quinze leçons.

Il n'a fallu au fils de M. le Marquis du Creft, que deux mois & demi pour être en état de fe paffer du Maître.

Mademoifelle Sanlot l'aînée, &c. &c.

(2) Parmi ceux au-deffous de quatre ans, qui ont fu lire en moins de trois mois, on diftingue entr'autres Monfeigneur le Duc de Montpenfier.

Le fils de M. le Marquis de Rougé n'a eu befoin que de quarante-huit leçons pour lire parfaitement.

Mademoifelle des Salles, fille de Madame la Comteffe des Salles.

Mademoifelle Sanlot la jeune, &c. &c. &c.

D'autres de fept à huit ans, à qui on n'avoit pu apprendre à lire par l'épellation, ont réuffi parfaitement par cette Méthode, & en très-peu de temps; il s'en eft trouvé auxquels il n'a fallu que trente-fix leçons.

nairement, loin de s'étudier à réprimer leur caractere, en les accoutumant de bonne heure à une subordination douce, raisonnable & soutenue, on a la foiblesse de céder à toutes leurs fantaisies, sans en prévoir les fâcheuses conséquences. Il en est une entr'autres bien propre à alarmer, & qui devroit faire naître enfin quelques réflexions sérieuses sur les moyens de la prévenir : c'est celle de devenir tôt ou tard injuste à l'égard des Enfans; car lorsqu'ils sont parvenus à l'âge où il faut commencer à les instruire, on est souvent forcé de les punir pour essayer de les corriger des défauts dont les personnes aux soins desquelles ils sont confiés, leur ont laissé contracter l'habitude. Former par degré, & pour ainsi dire dès le berceau, le caractere des Enfans, c'est le vrai moyen de leur épargner bien des chagrins, & conséquemment de leur préparer, ainsi qu'à tous ceux qui les environnent, des jours calmes & heureux. Mais revenons à notre sujet, dont nous a écarté cette petite digression à laquelle on a été amené naturellement, non pas comme Critique, mais comme Observateur à portée depuis long-temps de voir & de comparer la maniere dont on éleve les Enfans.

Comme cette Méthode parle aux yeux & aux oreilles, (langage qu'il faut toujours employer avec les Enfans) il en résulte non-seulement beaucoup plus de facilités pour eux, mais ce qui est d'un prix inestimable, une économie réelle de temps, puisqu'au bout de trois ou quatre mois, on peut les occuper des autres objets qui entrent dans le plan de leur éducation, dont les progrès sont ordinairement retardés par des années employées uniquement à apprendre à lire. Ce retard n'est pas le seul mal qui dérive nécessairement des difficultés qu'ils rencontrent dans ces premiers élémens; elles font naître l'ennui & le dégoût, qui dégénerent en une aversion invincible pour les livres. Cette aversion se perpétue & se fortifie d'autant plus, qu'elle a pris racine dans un âge susceptible de toutes sortes d'impressions; & de-là une nullité presqu'absolue dans l'éducation.

Pour faire concevoir combien la Méthode commune trompe les sens de l'Enfant & surcharge sa mémoire, on se bornera à trois exemples : *eau* , *oient* , terminaison de la troisieme personne du pluriel de l'imparfait, & *ph*. Le premier présente trois lettres , qui ont trois sons différents , *e* , *a* , *u* , dont il faut que l'Enfant forme un quatrieme, celui de l'*o* , dont son oreille n'a point été frappée , & qu'il n'a pas vu dans *eau*.

Le second exemple *oient* , offre cinq lettres , qui sonnent bien différemment. Il faut cependant qu'il retienne , toujours contre ce qu'il voit & ce qu'il entend, que *o* , *i* , *e* , *n* , *t* , font *ai*. A quels efforts de mémoire n'oblige pas une semblable opération ? Combien ne faut-il pas insister sur ces deux lettres *ph* , pour que l'Enfant se souvienne qu'elles se prononcent *f* ?

En réfléchissant avec un peu d'attention sur les difficultés attachées à l'épellation , on ne sera plus surpris , non-seulement de tous les inconvéniens qui en dérivent , tels que l'ennui pour les Enfans , le chagrin , les pleurs , le dégoût , une perte considérable de temps , & pour les Parents & les Maîtres , une peine souvent infructueuse ; mais encore de trouver des personnes qui n'ont jamais pu apprendre à lire. Enfin , ces difficultés sont si grandes , que l'on peut dire avec M. Duclos : *Quiconque sait lire , sait le plus difficile de tous les Arts.*

Exposé de l'esprit de ce Systême de Lecture.

Le Quadrille ayant pour but d'amener , par des opérations simples & faciles , à la connoissance détaillée de tous les sons de la langue , exprimés par une ou plusieurs lettres , il a fallu , après avoir démêlé ceux qui sont fondamentaux & comme la clef de la lecture , trouver un moyen sûr & aisé de peindre ces sons , afin de les graver dans la mémoire de l'Enfant d'une maniere claire & distincte. C'est ce que M. Berthaud est venu à bout d'exécuter heureusement, par

des

des Figures qui repréfentent des objets connus & familiers, mais dont le nombre, par une nouvelle combinaifon, fe trouve, dans cette édition, réduit à quatre-vingt-quatre. Ces Figures, & les fons qui y répondent, frappant leur vue, les occupent, fixent leur imagination volage, & les appliquent fans qu'ils s'en apperçoivent & fans qu'il leur en coûte. Les Fiches de différentes couleurs fur lefquelles font collés, d'un côté la Figure, & de l'autre le fon qui y a rapport, deviennent entre les mains de l'Eleve, des joujoux inftructifs; il les range felon leur couleur, dont la variété l'amufe; le loup, le chien, le mouton, deviennent fes camarades de jeu; il converfe avec eux; tous ces perfonnages l'inftruifent fans qu'il s'en doute, & fi bien, qu'il apprend à lire en très-peu de temps.

Cet expofé ayant paru fuffifant pour donner une idée de ce Syftême de Lecture, on fe contentera de rappeller ici le jugement que M. l'Abbé Desfontaines en a porté. Ce fameux Critique, après en avoir fait en 1744, une épreuve fur un Enfant préfenté par lui-même à l'Auteur, le jugea fi avantageux pour l'éducation, & même pour le progrès des fciences (ce font fes termes) que dans le compte qu'il en a rendu dans fes Obfervations fur les Écrits modernes, tome 32, Lettre 469, il l'appelle *la Pierre Philofophale.* MM. de Crébillon & de Marivaux, anciens membres de l'Académie Françoife, ont donné dans le temps leur certificat, en forme d'approbation, d'une autre épreuve faite fous leurs yeux, fur deux Ramoneurs, qui au bout d'un mois, moyennant deux leçons par jour, ont été en état de lire à l'ouverture du premier livre.

On doit, avant de finir, raffûrer ceux qui, foit par l'effet d'une prévention dans laquelle ils veulent bien refter, foit par un défaut d'examen de cette Méthode, la foupçonnent encore fufceptible d'inconvénient par rapport à l'orthographe, parce que l'épellation y eft rejettée. Pour cela on les invitera à confulter des peres & meres montrés par

B

cette Méthode, quand ils étoient enfans, & qui en ont fait, ou font aujourd'hui usage pour les leurs ; ils obtiendront par-là des preuves sans nombre & plus convaincantes que tous les raisonnemens que l'on pourroit faire, pour les persuader de leur erreur à cet égard. D'ailleurs, les Enfans que l'on fait épeller, ceux-mêmes qui apprennent par le Bureau Typographique, sont-ils en état, quand ils savent lire, d'orthographier ? Ils y parviennent à peine dans un âge plus avancé. Pour écrire correctement, il faut des principes & de l'usage : l'un ne s'acquiert que par le temps, & l'autre par une étude qui est bien au-dessus des forces de l'enfance. Or, s'il est constant que cette Méthode conduit à l'orthographe, au moins aussi sûrement que les autres, mais qu'elle a, par-dessus toutes, l'avantage non équivoque de réduire à trois ou quatre mois plusieurs années uniquement employées à des leçons de lecture ; de faire un jeu d'une étude rebutante par elle-même, & d'en inspirer le goût aux Enfans ; enfin, si par son moyen on réussit avec ceux auxquels on désespéroit de pouvoir apprendre à lire par l'épellation, le public éclairé jugera quelle est celle qui doit mériter la préférence.

Nota. L'Editeur s'est attaché à traiter toutes les parties de cet Ouvrage sur-tout d'une maniere méthodique pour mettre le Maître & l'Éleve sur la voie des succès. Il desire d'y avoir réussi au gré de ceux qui en feront usage, & il sera amplement dédommagé de son travail.

Quand le Lecteur se sera pénétré de l'esprit de cette Méthode, & qu'il en connoîtra le plan, il sera en état de juger qu'il n'étoit guere possible d'employer un autre langage, pour rendre sensible & utile l'Instruction ci-après, de même que les différents avis qui y sont analogues.

INSTRUCTION

Sur la maniere de se servir des Fiches & du Livre où les Opérations sont divisées en douze Leçons seulement, les sons dont la lettre initiale est majuscule, & ceux qui sont en gros caracteres n'étant que la répétition de tous les Sons précédents.

1°. ON commencera par les Fiches de la premiere Planche, dont on fera connoître les Figures à l'Enfant. Quand elles lui seront familieres, on exposera sous ses yeux, sur une table, les cinq premieres, selon l'ordre, si l'on veut, dans lequel elles sont dans le Livre, & on lui fera d'abord donner à chaque son le nom de la figure qui est au revers de chaque Fiche. Par exemple, en lui montrant *une*, on lui fera dire la *lune*; en lui faisant voir *i*, on lui fera appeller cette lettre un *lit*; *a* se nommera un *chat*; *u* un *bossu*; *emme* une *femme*; ainsi du reste, sans avoir égard aux autres sons, non plus qu'à ceux en gros caracteres, qui sont au bas des Fiches, & sur lesquelles il sera temps d'exercer l'Enfant quand il saura la quatrieme Planche, afin de ne pas trop le surcharger, & d'éviter la confusion dans ses idées.

A mesure que l'Enfant, en voyant un son, l'appellera du nom de la Figure qui y a rapport, comme s'il voyoit la Figure elle-même, on aura grand soin de lui abandonner la Fiche, en lui disant qu'il l'a gagnée, pour piquer son émulation, & lui faire un jeu de ce petit exercice.

2°. En supposant qu'il nomme toutes les Figures de la

premiere * Planche, à la seule infpection des fons ou fyllabes qui s'y rapportent, on lui fera dire fur ces mêmes fons la *lune une*, un *lit i*, un *chat a*, un *boffu u*, une *femme emme*, une *pipe ip*, une *chaife aife*, &c.

3°. Quand fon oreille fera bien accoutumée à ces fons ou échos, on lui fera dire tout bas la *lune*, & tout haut *une*; un *lit* tout bas, & *i* tout haut; une *femme* tout bas, & *emme* tout haut; & de même pour tous les autres fons de cette premiere Planche que l'on n'abandonnera pas, que l'Enfant ne foit en état, en penfant feulement à la Figure, de les articuler promptement au premier coup d'œil, dans tel ordre qu'on les lui préfente.

S'il arrivoit qu'il héfitât fur quelques-uns, on fe gardera bien de lui nommer les lettres qui entrent dans leur compofition, puifqu'il n'eft pas néceffaire qu'il les connoîffe pour lire; mais on le rappellera à la Figure, en lui difant; *penfez à la Figure*, & s'il n'en venoit pas à bout, alors on la lui montreroit.

4°. Lorfqu'on fera affûré que l'Enfant poffede parfaitement tous les fons de la premiere Planche, on prendra les Fiches de la feconde, en faifant exactement pour celle-ci tout ce qu'on aura fait pour la précédente, fur laquelle on l'exercera toujours.

5°. Ces deux Planches étant bien fues, on paffera à la troifieme **, qui eft celle des confonnes, en fuivant le

---

* Il y a dans cette premiere Planche une lettre que l'on nomme vulgairement *é*, & que nous appellons *e* défigné par la *Roue*. On ne fera pas dire une *roue oue*, mais une *rou e*, ce dernier fon rendant celui de l'*é* muet.

** Le fon *ill*, repréfenté par les *feuilles*, & qui eft au nombre des confonnes, fert à la prononciation de l'*l* mouillée, comme dans *vaillant*; & quand elle n'eft pas mouillée, elle fe prononce ordinairement comme fi elle étoit fimple; exemple: *ville*, *pupille*.

même procédé que pour l'étude des deux autres, cependant en faisant dire à l'Enfant, non pas une *cave ave*, une *tête, ête*, une *poule oule*, &c. mais une *ca ve*, une *tê te*, une *pou le*, &c. de maniere à l'amener à ne plus prononcer que *ve*, *te*, *le*, *fe*, *che*, &c. en pensant seulement aux Figures dont ces consonnes sont l'écho.

La même marche doit être observée par ceux qui voudront ne faire usage que du Livre, c'est-à-dire, que l'on commencera par les cinq premiers sons de la premiere Planche, que l'on fera appeller du nom des Figures qui y répondent, en s'y prenant de la maniere indiquée plus haut. Quand l'Enfant connoîtra ces cinq premiers sons, en lui cachant les Figures qui sont à côté, on ira à la seconde ligne; de celle-ci à la troisieme, & finalement à la quatrieme, &c.

6°. Si l'Éleve, en lui présentant indistinctement toutes les Fiches des trois Planches mêlées ensemble, en nomme, sans se tromper, tous les sons ou syllabes, on lui mettra le Livre entre les mains, dans lequel on lui fera répéter les mêmes sons, en les comparant avec ceux qui sont sur les Fiches, dans le cas où il hésiteroit : & quand rien ne l'arrêtera plus, on entreprendra la Table des syllabes, qui commence par *chune*, *chi*, *cha*, *chu*, &c.

7°. Pour préparer l'Enfant à cette opération, on séparera avec le bout d'une Fiche, ou avec une grosse épingle, la consonne de l'autre son qui y est joint ; par exemple : *ch* de *une*, *v* de *emme*, &c. afin qu'il voye que l'un & l'autre sont les mêmes qu'étant divisés ; & lorsqu'on sera sûr qu'il les reconnoît parfaitement tous dans le premier article de cette Table, on le fera syllaber, en lui disant : *ch* ou la *mouche*, avec *une* ou la *lune*, fait *chune*; *ch* avec *i* ou le *lit*, fait *chi*, &c. pour l'amener à dire *chune*, *chi*, *cha*, *chu*, *chemme*, &c, en prolongeant un peu le son *ch*, pour en faire fentir la valeur. De ce premier article on paffera fucceffivement aux autres.

8°. Après que l'Éleve aura parcouru la Table des fyllabes un nombre de fois fuffifant pour qu'il puiffe la lire tantôt dans un endroit, tantôt dans un autre, on lui fera voir les doubles confonnes *, toujours fous la dénomination de la Figure qui en exprime le fon, en lui obfervant qu'elles font les mêmes qu'étant fimples, & de fuite on ira au changement des premieres lettres, & à celui des premieres & fecondes lettres ou fons.

Cette opération coûtera à l'Enfant un peu d'application; mais on ne fauroit trop l'exercer fur ces changemens, parce que de là dépend la facilité de lire les mots divifés par fyllabes qui font à la fuite; & quand il y fera parvenu, le fuccès pour tout le refte eft affûré.

9°. Si les Enfans, dans le cours des répétitions, & de la lecture des mots coupés par fyllabes, ou dans une lecture quelconque, fe trompent, on aura grand foin de les rappeller toujours à la Figure, comme il a déja été dit plus haut, en les arrêtant fur la fyllabe, ou la lettre, à laquelle ils donneroient un fon faux, afin qu'ils fe reprennent d'eux-mêmes: & on aura le plaifir de voir qu'ils y réuffiront aifément, fans autre fecours de la part du Maître qui, par ce moyen, peut donner fes leçons, pour ainfi dire, à la muette. C'eft encore un très-grand avantage de cette Méthode, confirmé par une longue expérience.

Quant aux autres objets qui peuvent faire la matiere

---

* Ces doubles confonnes font en tête des différents articles de la Table des fyllabes; ainfi l'Enfant y fera déja préparé, de même que fur les confonnes en gros caracteres qu'on lui fera dire avec les autres.

d'une leçon nouvelle, on consultera les différents Avertissemens qui se trouvent dans le Livre, par-tout où on les a cru nécessaires pour en faciliter la pratique & l'étude.

Observation générale.

On recommande de faire lire les Enfans réguliérement une fois au moins tous les jours; de commencer chaque séance par une répétition générale de ce qu'ils auront vu précédemment, de maniere qu'elle se termine par un exercice sur la leçon nouvelle à laquelle on estimera qu'ils peuvent passer. L'ordre numérique 1, 2, 3, 4, 5, 6, 7, 8, 9 établira plus sensiblement celui dans lequel cette répétition doit s'exécuter. Par exemple, 1. 1, 2. 1, 2, 3. 1, 2, 3, 4. 1, 2, 3, 4, 5. 1, 2, 3, 4, 5, 6. 1, 2, 3, 4, 5, 6, 7. &c.

On ne s'écartera pas de cette marche, jusqu'à ce que l'Éleve ait parcouru deux ou trois fois le Conte, parce que les succès dépendent absolument de la connoissance certaine des sons.

Enfin, on jugera par l'habileté de l'Enfant, de la rapidité avec laquelle il faudra qu'une leçon succede à une autre; mais on aura soin, afin d'éviter l'ennui, de ne le laisser sur la même, que le temps nécessaire pour qu'on puisse présumer que, moyennant les répétitions, il la saura parfaitement.

Cette Instruction & le précis que l'on a donné de l'esprit de ce systême de lecture, doivent faire juger que la connoissance des lettres ne peut qu'empêcher, ou au moins retarder les progrès, en portant les Enfans à décomposer les sons ou syllabes, & que la dénomination *bé*, *cé*, *dé*, *efe*, &c. doit avoir le même inconvénient.

Ceux qui voudront faire usage de cette Méthode, ne

montreront donc point l'alphabet à leurs Enfans. Quand ils
liront dans le François & dans le Latin affez parfaitement
pour être mis à l'écriture , il fera temps de donner à chaque
caractere ou lettre, la dénomination ordinaire *bé, cé, dé,* &c.
fi l'on veut ; mais il feroit beaucoup mieux de conferver celle
adoptée ici , en faifant dire *be, ce, de, fe, ge,* &c.

---

*LETTRE entr'autres adreffées à M. Alexandre , que
pluſieurs perſonnes , qui prennent intérêt à cette Méthode ,
ont défiré que cet Editeur rendît publique.*

Ce 7 Juillet 1783.

VOUS êtes bien le maître, Monfieur , d'inférer le nom
de mon fils dans la lifte des Enfans qui ont appris avec un
grand fuccès par votre méthode. Alexis a commencé un
mois avant d'avoir quatre ans , & il a fu lire parfaitement
en cinquante-deux Leçons , dont vous en avez paffé à-peu-
près quatre à jouer avec lui, pour l'accoutumer à vous.

Je ferois enchantée, Monfieur, d'avoir une occafion plus
importante que celle-ci de vous donner une preuve de ma
fatisfaction.

Je fuis très-parfaitement, Monfieur , votre très-humble
& très-obéiffante fervante ,

MORTEMART, Marquife de ROUGÉ.

PREMIERE

PREMIERE LEÇON.

Voyez les n°. 1 , 2 & 3 de l'Inſtruction.

EXPLICATION DES FIGURES

DE LA PREMIERE PLANCHE.

la lune.... une	*une pipe* .... ip	*une carafe* ...af	*un deʒ* ......é
un lit i	*une chaiſe* .. aiſe	*une cage* ... age	*une roue* ..... e
un chat .... a	*le Soleil* .... eil	*un verre* ..... er	*un balai* .....ai
un bouſſu .. u	*un ſerpent* .. en	*une glace* ...ace	*une fleur* ...eur
une femm. emme	*un fauteuil.* euil	*des os*...... o	*des raves* ... av

Sons finals qui répondent aux figures de la Iere Planche.

une	i	a	u	emme
ip	aiſe	eil	en	euil
af	age	er	ace	o
é	e	ai	eur	av

Premiere répétition des ſons précédens.

i	u	ip	eil	euil
age	ace	é	ai	av
une	a	emme	aiſe	en
af	er	o	e	eur

C

Seconde répétition.

av	eur	ai	e	é
o	ace	u	age	af
euil	en	eil	aife	ip
emme	a	er	i	une.

Troisieme répétition.

é	af	ip	une	e
age	aife	i	ai	er
eil	a	eur	ace	en
u	av	o	euil	emme

SECONDE LEÇON.

Voyez le n°. 4 & les précédents de l'Inſtruction.

EXPLICATION DES FIGURES
DE LA SECONDE PLANCHE.

un raiſin ....in	*un poing* ... oin	*un mouton* .... on	*une bague* ..ag
une robe ....ob	*des yeux* ... yeu	*une abeſſe* .....eſ	*un bec* ....ec
de la ſalade .. ad	*un loup* .....ou	*une chienne* ..enne	*un étui* ....ui
un autel .....el	*un enfant* ... an	*un boiteux* .... eu	*un chien* ..ien
un roi ......oi	*un fouet* ...ouet	*une fourchette*. ette	*un* .... un

Sons finals qui répondent aux figures de la IIe Planche.

in	ob	ad	el	oi
oin	yeu	ou	an	ouet
on	eſ	enne	eu	ette
ag	ec	ui	ien	un

Premiere répétition des ſons précédents.

ag	ui	un	ec	ien
eſ	eu	on	enne	ette
oin	ou	ouet	yeu	an
ob	el	in	ad	oi

Seconde répétition.

eſ	ui	oin	eu	un
ob	ou	on	ec	el
ouet	enne	ien	in	yeu
ette	ad	an	oi	ag.

Sons des premiere & ſeconde Planches mêlés enſemble.
Premiere répétition.

un in i ob a ad u el emme oi
ip oin aiſe en eil on yeu an e ouet
aſ ou age eſ er enne ace eu o ette
é ag euil ec ai ui eur ien av une.

Seconde répétition.

é aſ ip unc ag on oin in eſ age
aiſe i ec e en ob ai er eil a
ui enne ou ad eur ace yeu u ien eu
an euil av o el emme un ette ouet oi.

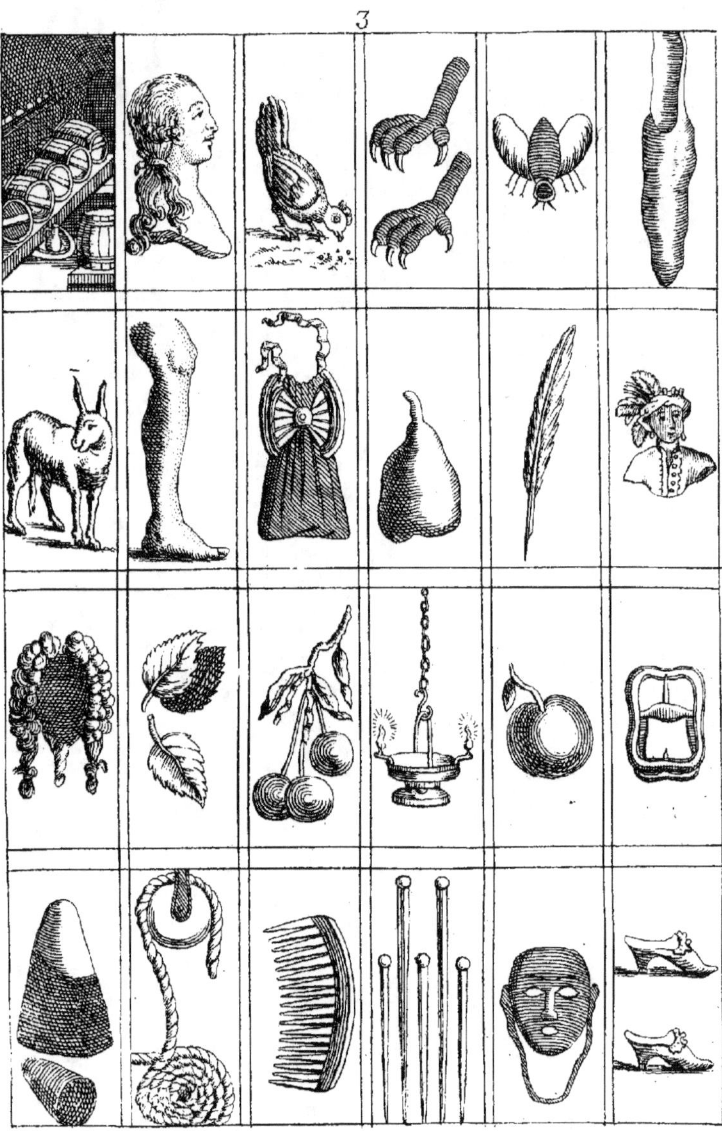

TROISIEME LEÇON.

Voyez les n°. 5 & 6 de l'Inſtruction.

EXPLICATION DES FIGURES
DE LA TROISIEME PLANCHE.

une cave v	*un âne* . . . . . . n	*une perruque* . qu	*du ſucre* . . . . . cr
une tête . . . . . . t	*une jambe* . . . b	*des feuilles* . . ill	*une corde* . . . . d
une poule' l	*une bourſe* . . . . ſ	*des ceriſes* . . . . z	*un peigne* . . . gn
des griffes . . . f	*une poire* . . . . . r	*une lampe* . . . . p	*des épingles* . gl
une mouche . . ch	*une plume* . . . m	*une orange* . . . j	*un maſque* . . ſqu
une langue . . gu	*un négre* . . . . gr	*une boucle* . . . cl	*des pantoufles.* fl

Conſonnes qui répondent aux figures de la IIIe Planche.

v	t	l	ſ	ch	gu
n	b	f	r	m	gr
qu	ill	z	p	j	cl
cr	d	gn	gl	ſqu	fl

Premiere répétition des conſonnes Précedentes.

v	n	qu	cr	t	b
ill	d	l	ſ	z	gn
f	r	p	gl	ch	m
j	ſqu	gu	gr	cl	fl

Seconde répétition.

gu   gr   ill   fl   ch   m

j   ſqu   f   r   p   gl

l   ſ   z   gn   t   b

cl   d   v   n   qu   cr

Sons des trois premieres Planches mêlés enſemble.

oi   eu   a   fl   age   ouet   ien   m   eil   eſ

gn   ette   u   er   b   in   f   cl   yeu   ai

oin   ch   un   ace   z   ob   t   on   emme   gr

eur   gl   en   ag   el   ſ   ad   e   cr   une

gu   o   ou   p   ec   l   ip   qu   av   ſqu

enne   r   i   aſ   d   euil   n   an   j   ui

aiſe   v   é   ill.

QUATRIEME LEÇON.

Voyez le n°. 7 de l'Inſtruction & le n°. 8 avec ſa note.

TABLE DES SYLLABES,

Où ſe trouvent répétés tous les ſons des trois premieres Planches.

ch   che   CH

chune chi cha chu chemme chip chaiſe
cheil chen cheuil chaf chage cher
chace cho ché che chai cheur chav
chin chob chad chel choi choin chyeu
chou chan chouet chon chef chenne
cheu chette chag chec chui chien chun.

v   w   ve   V

vec vav vip vad vai vo vob vune
vun venne vouet veuil vace vé vette
vi ve veu vin vag von veſ van veur
ver va ven vel vaf vaiſe vu vien voin
vyeu vou voi vage veil vemme vui.

t   tt   te   T

té tad tette teil tav ter tel teuil tou tin
teſ to te tag tune tu tip ten taf tace
toi tui tan tob tenne toin tai ti temme
taiſe tec tage ta teur tyeu touet ton
teu tun tien.

l   ll   le   L

lag lai lun lo lenne lon lin lan lyeu
leuil loi la ler laf lec leil lip lemme
lad lune lien le loin leu leſ lob louet
lou lui leur lel lace lage lav len
laiſe lette lu li lé.

f   ff   fe   F

fé fi fu fette faiſe fen fec faf fer
fa foi feuil fyeu fan fin fon fenne fo
fun fai fag fune fad femme fip feil
fav fage face fel feur fui fou fob
fouet feſ feu foin fe fien.

gu   gue   GU

guon gua guec gué guun guef guou guel
guav guette guune gue guenne guan
guoi guaf guip gui guai gueu guouet
gueur guage guaife guad guien guo
guin gueuil gueil guer guu guag guoin
guob guui guace guen guemme guyeu.

n   nn   ne   N

nien neu neur nouet nage naife ni
noin nob nui nace nen nu nag no
nin neuil ner neil nad nun non nyeu
na nec nemme nai nenne naf noi nan
nip nune ne nef nou nel nav nette né.

b   bb   be   B

bé bai bef benne bien ban bec bel
bag bad bace baife bui bip beuil beur
bette boin boi bo bun byeu ba bou
bemme bu be beu beil ben bi bune
ber bage bob baf bin bav bouet bon.

D

ſ   ſſ   ſe   **S**

ſan ſoin ſob ſui ſace ſen ſemme ſien
ſo ſin ſeuil ſer ſeil ſu ſai ſeu ſouet
ſeur ſage ſaiſe ſad ſenne ſe ſag ſoi
ſaf ſip ſi ſun ſeſ ſou ſel ſé ſav
ſette ſune ſon ſyeu ſa ſec.

r   rr   re   **R**

remme ren race rui rob roin ron ru
reil rer rin reuil ro rag rien reu rouet
reur rage raiſe rad ri rip raf ran
renne rai re reſ rou rel rav rette rune
ré rec ra ryeu run roi.

m   mm   me   **M**

men mu mad memme meil mace mui
mer maiſe mi mip mage meuil mob
moin min meur maſ mette mune mé
mav moi mouet mo mag meu man
mel mec ma mou menne mien meſ
myeu mai mon mun me.

gr   gre   **GR**

grune greil grace grob gran grette gri gro
gren grad grouet grag gra gré grel greuil
gru gre groi gron grec gremme graf groin
grai gref grui greur grip grage grav grenne
gryeu grien graiſe grer grin grou greu grun.

qu   que   **QU**

quien quoin quai quo quob que quag
queu quin quun quenne qui quouet
qué quace queuil queſ quan queur quer
quen quou quoi quage queil quemme
quyeu quel quaf quaiſe qua quav quip
quad quec quette quui quon quune quu.

z   ze   **Z**

zec zune zyeu zav zou ze zenne zoi zip
zad zage zouet zien zo zeuil zeil zon
zob zace zemme zun za zé zette zel zef
zai zan zaf zi zaiſe zeur zeu zag zin zer
zu zoin zen zui.

D ij

ill   **ille**   **ILL**

illon illo illouet illoi illav illoin illin
illeur illaf illette illob illeuil illage
illip illune illui iller illaiſe illi illace
illeil illad illen illag illeu illel ille illec
illu illan illemme illien illou illenne illa
illeſ illyeu illai illun illé.

p   **pp**   **pe**   **P**

pun pai peſ penne pa pel peu po pé
poi pette peur poin peuil pip paiſe pui
peil pad pen pe pon pyeu pou pien
pec pan pag pouet pav pune paf pin
pob page pi per pace pemme pu.

j   **je**   **J**

jun je jai jien jag jon jeſ jenne jeu
jo join jyeu jou jan jouet jin job ja
jel joi jeur jeuil jui jec jav jaf jage
jer jace jette jip jaiſe jeil jen jé june
ji jad ju jemme.

cl   cle   CL

clon clé clag clenne clien clu clun clune clai clad cle cli clyeu clo cleil clef clec clette cleu claiſe clemme clip cla clouet clage clou clav clan claf clui cloi clin cler clob clace cleuil clel cleur cloin clen.

cr   cre   CR

cren crui croin cru crer crin crien craiſe creur creu cri craf cran cre crette crel cref cré cra cron cremme crace crob crag creil creuil cro crad crage crouet crai crip croi crenne crune cray crou crun crec cryeu.

d   dd   de   D

du di dé deil dip dace dage dav dui deur del dob douet dou doin def deu dag dai dun demme dad dune den daiſe dette der daf dec deuil doi da din dan dyeu do denne don dien de.

gn   gne   **GN**

gnui gnag gnemme gnin gneil gneu
gnage gne gnoi gni gnou gnette gné
gnyeu gnoin gnace gnien gneuil gnu
gnouet gnaiſe gnenne gnaf gnun gnel
gnune gna gnob gnen gno gner gnai
gneur gnad gnan gnip gneſ gnav
gnon gnec.

gl   gle   **GL**

gleu glage glec glouet glune glun glav
glemme glag gleil glyeu glaf gla glace
glenne glai glé glob glien gloin glel
glan glaiſe glu gleſ glette glui gleuil
gli gler gleur gle glen glin glip
gloi glo glou glon glad.

ſqu   ſque   **SQU**

ſquen ſqueſ ſqué ſquag ſqueu ſquin
ſquette ſquob ſqueil ſquage ſquip
ſquui ſquien ſquyeu ſquec ſquoi ſqueuil

ſquoin ſquaſ ſquouet ſquo ſqui ſquel
ſqua ſquune ſquou ſquer ſquan ſquace
ſquun ſquon ſqueur ſquaiſe ſquenne
ſquav ſquad ſque ſquu ſquai ſquemme.

fl   ffl   fle   FL

fle flob fleu flou fleur flace flav flip
flad flag flun flenne flin flyeu floi fler
flec flaiſe flu flé flien fleſ floin flui
flouet flel flage fleil flemme flune flai
flo flon flan fleuil fla flaf flen flette fli.

Répétition des Conſonnes.

ch m b p ill f j n cr qu gu gl
gr ſqu l v z ſ fl gn r d t cl.

Doubles Conſonnes.

mm bb pp ff nn ll w ffl ſſ rr dd tt.

CINQUIEME LEÇON.

Voyez le nº. 8 de l'Inſtruction.

Changement des premieres Lettres.

va ta ſa ra pa na ma la ja fa da ba
chi pi vi mi ji di zi ri ni li bi ti
tu ru nu lu fu bu vu ſu pu mu ju du
vo no ro jo bo to po lo do ſo mo fo
dé lé pé té bé fé mé ré vé né jé ſé.

Autre changement plus compoſé.

cra fla illa qua gna cla cha gla ſqua gra
flé qué clé illé ché cré gné gré glé ſqué
gli qui fli ſqui gri chi cli gni illi cri
gno flo cro illo quo clo cho glo gro ſquo
gru glu flu gnu cru quu illu ſquu chu
clu.

chui nui bui ſui rui mui tui pui

taife paife baife daife flaife maife craife
gnou tou vou lou fou chou nou bou
men den ten ven pen jen cren clen
neil beil feil reil meil deil zeil queil
mer quer iller fer per jer crer cler
flace dace gnace tace vace lace face chace
nette bette fette rette mette quette illette
vage lage fage chage nage bage fage
chien nien bien fien rien mien tien
vec pec jec flec dec clec gnec zec
meur queur illeur zeur peur jeur teur
noi boi foi roi moi quoi toi poi choi
chan nan ban fan ran man pan tan
mon pon fon non quon von flon fon
dai clai glai chai bai illai jai crai
leu fqueu zeu gneu reu teu greu gueu
chav mav bav pav illav fav jav nav
crel quel guel vel lel zel grel fel
ryeu dyeu flyeu dyeu gnyeu tyeu clyeu.

Changement des premieres & secondes Lettres.

so mi vé ra ju sa to pi bu la sé
da né si mo va ru sa zi jé so lé
tu pé ba no dé sa mé vi ro ji vu
mu li té fu pa bi nu do sé ma lo
vo ré jo si ta po bé lu na di je.

Autre changement plus composé.

tes vob lel fui chaise nou ber seu
remme men quoin illon zeil pip jag
crer clace flette daf gnage touet vai
lien fenne chad noi bav sin reur mune
quan illec zun pes job crel crui flaise
dou gran teu reuil len foin chon neil
mace quette veur lune fan tin ler face
mien iller don bage fouet gneil jeu
clen guer peur tou deu.

SIXIEME LEÇON.

Voyez le n°. 9 de l'Inftruction.

LECTURE

De Mots coupés par Syllabes, au bas defquels font, à chaque page, des fons qui ne feront point oubliés, non plus que ceux que l'on trouvera ailleurs placés de même.

chan fon fâ ché cha leur é chec man-chette bou che bou chon chan de leur chi fon en chaî ner pé cheur chaife cho-quer chan te ra cha grin chu cho ter l'é-chan fon chaî non cha ri té chien cha-que un fi chu ba zo che cha pon per-cher cha tai gne chi gnon.

---

un ip af é in oin ou ag i aife
v n qu cr t b ill d l f z gn
age euil ob en ef ec a eil er ai.
f r p gl ch m j fqu gu gr cl fl.

van ter na vette un pa vé a vi ron du bon vin vo lon té fa veur a vec vi nai gre va ni té a vou er voi tu rer veu vage ré veil ri vage gra ver va leur vé ri té je vo le rai va peur une vi gnette dé ve lo per.

toi lette une to ta li té ten ter tou che ra é toi le pi tui te tien moi teur tin te ra é tu di er crou ton in ven ter men teur té moi gnage poin tu une tan te pa ter nel té moin ti gre tu lipe ver tu é tui mou ton.

li mon de la lai ne lon gueur mou lin lan ter ne fo leil fa lade la lune bou le i ta lien bien loin l'ef pa gne a lou ette

---

ad on enne ui u yeu ace eur el an fl v f gn r n cl z gr f p qu eu ien emme e o av oi ette ouet une gu l d fqu gl j ill cr m ch b t.

lou cher vo lage len teur rou lette bi lan
li ber té loi ma li gni té lu nette li bé ra-
teur lu mi gnon a li gner.

femme en fin fon deur re bu fade face
fin é tou fer du foin fouet fa vo ri figue feu fi dé li té l'en fer li ber ti nage
fer ti li té en fan ter ren fer mé bou fette
fa ti gue ra fer veur.

ni cher bo nace à la nage ve nin de vi-
né mi nette ju non fé ré nade le ve neur
nu age né ron nu di té na tu rel na vi-
guer in fi ni no va teur no ti fi er pa nade
fe nou ri ra fe pa na cher n'ob ti enne.

bai gner du bien ru ban bu veur bou lo-
gne bu che ron ro bin ber ner bon té

é aife ui an af i enne euil ip ec
v ill f j fqu r d n qu l p gu
ou av une e ad o ag en eur el
cr gl f gr t z ch cl b gn m fl.

bel grade bi che bou ti que bu cher un
ba lai un bec be dai ne re bu ter bandage ba ta iller ba guette bu tin ba di-
nage bai gneur ber lin.

ſon ſou te nu ſien ſer mon ſu cré ſe lon
ſer vi teur le ſien ſi gner ſo nette ſa lon
ſage ſa la ma lec du ſel ſai gner ſan gler
ſan té ſé ré ni té ſer vi tu de ſou per ſa-
pin ſer pette ſen ſu a li té.

race robe do reur rouet en rage ti rade
rien la bou reur ti rage roi rou ler pareil ré fu ter ri meur ra mage rui ner ri-
va li té ro quette ro bin pa ren té dé na-
tu rer.

moi mu tin a mer mi ra cle i mage mi nu-

---

on ob ace emme oin ai yeu un in er
gu j l cl d ſqu ſ gr v ill z f
u ette eſ eil ien ouet age a eu oi
n fl r gu p ch t qu m gl b cr.

ter che min cla meur le mien man chon
bien ai mé mo di que mon ta gne maigreur mou che ma tin ma ſque ma ri age
man quer a lu mette po made.

quo ti dien quan ti té mo queur qua li té
quel que quoi man qué quai l'in qui é-
tu de mo quette chi mé ri que qu'une
qu'on cli quette l'é qui page quin ze qui-
no la ma ro quin.

bou illon mou illette mou iller bou illi
pa ille cha tou illai ba illage dé pou illé
feu ille ba ta illon que nou illette.

peu je ſou pai pipe é cha pé pa na che
une page pa ver la pin l'eſ pace pu an-
teur po che poin te po li ti que po pu-

i age une af u ace a er ip é
t v l b n ſ ill z qu cr gn d
ien ette an oi ec enne yeu ad un on
ch f gu m r gr p j cl fl ſqu gl.

lace pou mon po tage pou lette pu deur pen ſer cha lou pe pan ta lon.

jon cher le jeu join tu re jeû ner jo li jouet a jou ter ma jeur j'é pou van te j'i mi te ju pi ter la joie j'en rage jan vi er job jou teur ju ri di que ju pon ju rer bi jou en jo li ver ja bo ter.

cla meur un clo cher je bou clai cla quer la bou cle ſe clou er clai ron cli gno ter une cla vette clan deſ tin é clai ré in cli ner.

cru di té cro quer du crin cri mi nel é cran cre ver ſa cré je ſu crai crou te cré du li té cra cher cré a tu re cri ti que

---

emme o eil ai aiſe e euil av en eur

b t cr gn z ſ m ch gl v n qu

ouet in ui eu ou el ag eſ oin ob

gr fl gu j ſqu cl p r f ill d l.

crou pe

crou pe une cru che mé di o cri té l'é-
cri toi re.

dé bi teur en du rer le ven deur dou leur
dai gner une dette dan feur di gni té dîner in di vi du el dé mon do rade dé fi-
ler dé clin def po ti que dé voi ler da-
van tage dé gré.

fla teur fou fler pan tou fle fleu ve une
fleur ron fler en flé flui de flan quer je
fou flai la flo te é ra fler.

gue nipe le gué ri don guette gue non
gué une gueu le un gui don la guin-
guette gui gnon guin dage gui gne guiper bé gui nage lan gui ra.

gran deur gri mace gro gner une gri ve

---

ai eur av u ace o en euil emme a
fl m gn b f cl ch z t gr gl f
e eil é age er af ip aife une i
cr gu p l qu r fqu d n j v ill

grace gra din gro gneur gra ba tai re fe
gron der un gri gnon gra vu re gre nade
grou iller gra tin gri gno ter gra vi té l'in-
gra ti tu de dé gra der.

glace gloi re glou ton un gla neur bigler gla di a teur fe glo ri fi er gla nage
é glo gue a veu gler en fan glan té en-
glou ti ra.

AVERTISSEMENT.

Pour que l'Enfant ne fe trouve pas arrêté dans la lecture de la piece fuivante, faute de favoir comment divifer fes mots par fyllabes, comme ils le font dans la précédente, il faut l'aider avec une fiche ou une groffe épingle, fur-tout dans les mots compofés d'un fon qu'il faut partager, comme *aviron*, qui préfente le fon *av*; *panache*, le fon *an*; *chantera*, le fon *er*, &c. que l'on dira à l'Enfant de couper, en lui en donnant l'exemple.

Quand il aura parcouru deux ou trois fois cette piece de lecture, on l'exercera fur les fons reffemblants qui font à la page 48, & en même temps, fi l'on veut, fur la quatrieme & derniere planche, en fe conduifant pour celle-ci comme pour les trois autres.

SEPTIEME LEÇON.

PIECE DE LECTURE

Compofée des mots précédents fans être coupés par Syllabes.

chanfon vanter toilette femme nicher chataigne baigner guenipe fon race moi quotidien bouillon peu joncher clameur grimace maroquin crudité débiteur flateur foufler endurer l'ingratitude croquer clocher gloire le jeu je foupai mouillette quantité mutin robe foutenu rebuter chaînon grandeur du bien bonace enfin de la laine totalité navette fâché mouton chaleur un pavé tenter longueur fondeur à la nage bilan ruban fien doreur amer

une ip aife i eil a en emme euil u v n t b l f f r ch m gu gr.

moqueur mouiller pipe le guéridon join-
ture je bouclai du crin vendeur pan-
toufle fleuve chagrin douleur criminel
claquer guignon jeuner échapé bouilli
glace bigler qualité miracle rouet fer-
mon buveur venin rebufade bijou mou-
lin touchera aviron échec manchette
dénaturer du bon vin grace étoile lan-
terne face deviné boulogne fucré enrage
feuille image quelque paille panache joli
boucle écran bataillon daigner une fleur
pareil ronfler une dette crever clouer
guenon jouet une page chatouillai quoi
chemin tirade chaloupe felon bucheron
minette enfanglanté fin foleil pituite vo-
lonté glouton bouche faveur bouchon
gueule tien falade étoufer guette junon

---

af é age e er ai ace eur o av
qu cr ill d z gn p gl j fqu cl fl.

robin aveugler rien clameur manqué
baillage bazoche gladiateur paver ajouter
sacré n'obtienne enflé danseur grogner
fluide je sucrai majeur lapin dépouillé le
mien batailler laboureur signer libérateur
berner. sérénade du foin la lune bégui-
nage tintera avec chifon vinaigre enchaî-
ner sensualité étudier une grive boule
fouet veneur bonté une sonette gradin
tirage manchon gué quai l'espace j'épou-
vante croute dignité flanquer un gla-
neur je souflai dîner crédulité j'imite
puanteur clairon grogneur quelqu'une
bien aimé roi salon nuage berlin enjo-
liver favori italien crouton vanité pé-
cheur avouer saveur serviteur chaise
inventer bien loin figue nuage biche

---

in oin on ag ob yeu ef ec ad ou
squ n p gn ch ill cr l gr j v r.

incliner un guidon rouet fage rouler modique languira qu'on poche jupiter cracher quinze un grignon chandeleur flote démon créature éclairé la joie gravure pointe cliquette montagne jaboter falamalec boutique quenouillette néron feu l'efpagne menteur l'inquiétude voiturer choquer defpotique veuvage déveloper églogue chantera témoignage alouette fidélité grouiller nudité bucher du fel réfuter maigreur politique glaner j'enrage médiocrité critique dorade croupe défiler janvier belgrade populace mouche rimeur l'écritoire faigner un balai naturel quinola l'enfer engloutira loucher pointu réveil chuchoter rivage minuter guindage ferpette l'échanfon une tante volage ferveur

---

enne ui el an eu ien ouet oi ette un
z fl b qu m d f gl gn f cl t.

naviguer un bec pantalon sangler ramage
le matin poumon chimérique érafler job
cruche déclin aligner jouteur dégré potage mariage ruiner santé masque guiper
bedaine infini chignon lenteur paternel
graver étui un fichu valeur dégrader charité témoin roulette fertilité clavette novateur gratin moiteur sérénité rivalité
manquer poulette l'équipage juridique pudeur jupon alumette roquette parenté servitude dévoiler bandage notifier gravité
enfanter liberté tigre vérité chien individuel percher je volai chaque tulipe loi
renfermé guigne panade davantage baguette souper robin pomade panser jurer malignité sapin vignette badinage se
nourira boufette longueur vertu grignoter chifon vapeur lunette fatiguera se
panacher baigneur chapon clignoter lumignon glanage se glorifier.

A V I S.

Lᴇs *Enfans apprennent pour l'ordinaire affez vîte les fons reffemblants, parce que la forme de la plus grande partie eft à peu de chofe près la même que celle des fons radicaux ; mais il faudra, une fois ou deux, cacher avec une fiche la lettre, ou le dernier jambage, ou enfin le furplus de ce qui fe trouve dans le fon radical.*

HUITIEME LEÇON.

Sons qui répondent aux Radicaux des deux premieres Planches, & auxquels on donnera le nom de la Figure qui y a raport.

Son radical.	Son reffemblant.	Son radical.	Son reffemblant.
oi	oy	an	ean am
é	eh ez &	en	em
i	y	eil	eille œil
o	au eau	on	om
ien	yen	euil	euille
in	im aim ain ein	eur	œur œurs
el	elle	er	erre
un	um	ai {	eft oî ê è ë ay et ei
ef	effe		ois oit oient.
eu	œu		

Répétition des mêmes sons.

Premier Ordre.

oy eh y eau ois yen ê ain elle um oî
effe ei em œil om am et euille ë œur
è erre eft au im ay ein oit ez oient ean
& œu œurs eille aim.

Second Ordre.

em ein ei ay effe im oî au um eft elle
erre ain è œur ê yen ë euille œu ois
aim eille œurs et eau & y am oient eh
om ez oy œil oit ean.

Les mêmes sons mêlés avec leurs Radicaux.

ez oi om eh oy œil é oit i am oient
y o et & eau ien ois euille œu in ë ean
yen œurs el è aim un ê ef œur eu
eille an erre ain en elle um eil eft on
oî au effe im euil ei eur em ein ay
er ai.

G

AVERTISSEMENT

A consulter pour l'étude des sons composés de la quatrieme Planche, qui sont à la page 52.

Les Sons composés de la quatrieme Planche, & qui sont ci-après, exigent de l'adresse de la part du Maître, & de celle de l'Enfant, un peu plus d'attention. Cependant il sera facile de les lui faire concevoir, en s'y prenant de la maniere suivante.

En tête de chaque ligne de ces sons est celui de la Figure qui doit servir de base aux autres : il faut la décomposer, ou en prendre la moitié, pour former du son qui y est joint, une seconde Figure ; par exemple, *cune* : dans cette Syllabe on trouvera, par la décomposition, des *écus* & la *lune* ; dans *coi*, des *abricots* & un *roi* ; dans *gien* on aura un *logis* & un *chien* ; *gail* offrira un *gâteau* & le son des *feuilles* ; *gesse* un *singe* & une *abesse* ; *gom* des *fagots* & un *mouton*, &c.

Quant aux Syllabes composées de deux sons distincts, comme *cienne*, où l'on voit celui du *châsis* & de la *chienne* ; *exem* où sont distinctement l'*index* & le *serpent* ; il faut faire remarquer la Figure ajoutée à la premiere & les prononcer d'une seule voix.

Dans les monosyllabes qui dérivent de *mes*, *doit*, il n'y a que la premiere Figure ou consonne à changer, le reste rendant le son final des *plumets* & du *doigt*.

On dira encore à l'Enfant de ne pas compter le *te*, le *pe* dans les mots où ces Figures ne sonnent point, non plus que l'*h*, parceque la *mouche* n'est pas entiere.

Nota. On trouvera, aux pages 65 & 66, différents exemples sur les lettres qui ne se font point sentir, afin d'accoutumer les Enfans à ne pas les prononcer.

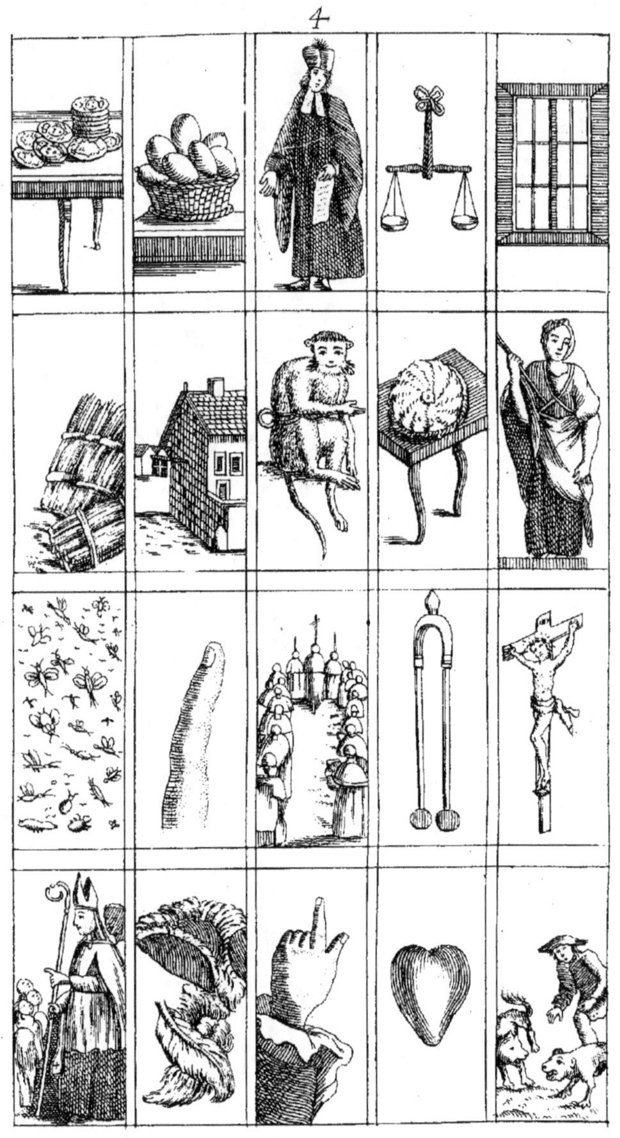

NEUVIEME LEÇON.

Voyez les trois premiers n°. de l'Inſtruction.

EXPLICATION DES FIGURES
DE LA QUATRIEME PLANCHE.

des écus . . . cu	*des fagots* .. go	*des inſectes* .. &t	*la bénédiction* &tion
des abricots . co	*un logis* . . . gi	*un doigt* . . . doit	*des plumets* .. mes
un avocat . . . ca	*un finge* . . . ge	*la proceſſion.*tion	*l'index* . . . . ex
une balance . ce	*un gâteau* .. ga	*des pincettes* ſept	*un cœur* . . . . cœur
un châſſis .. ci	*une fig...* . gur	*un chriſt* . . . . ſt	*un homme qui excite*
			des chiens xe xe .. x

Syllabes qui répondent aux Figures de la IVe. Planche.

cu   co   ca   ce   ci

go   gi   ge   ga   gur

&t   doit   tion   ſept   ſt

&tion   mes   ex   cœur   x

Répétition des fons précédents.

ga   ci   &t   gi   ſt

cœur   x   ſept   ce   ex

tion   ca   mes   doit   ge

co   &tion   gur   go   cu.

Répétition des Sons de la quatrieme Planche,
avec leurs compofés.

Voyez l'Avertiffement page 50.

mes   fes   des   les   tes   ces

cu   cur   cul   cun   cune   cui   cuir

ca   car   cal   can   cam   çail   cai

ce   cen   cer   ceu   ceffe   cé   cette   celle

ci   cir   cil   cin   cim   cien   cienne   cieu

co   cor   col   con   com   coi   cou   coup   coût   cour

go   gor   goi   goir   gon   gom   gou   gour   goût

gi   gir   gil   gin   gim   gien   gienne   gieu   git

ge   gen   gem   geffe   geur   gé   ger   gelle

tion   tien   tience   tiel   tia   tial   ptial   ffion

ex   exem   exer   exa   exo   exhor   exi   exhi   exil

cœur   chœur   cœurs   chœurs

gur   gure   gul   gule   gune

doit   boit   foit   voit   croit   reçoit

fept   cet   cette   cettes

étion   xion   étions   xions

ga   gar   gal   gail   gan   gam   gai   gau.

Syllabes de la quatrieme Planche , mêlées avec leurs compofés.

ſes cur cor car cen cin gor gin tience chœur gure boit gieu xion ſt cour go gar x ge gour cou ga ex ſtion exem ſept gau doit gur cœur tion gi exil ci ce ca co cu mes gen coût ſtions exer cette gim ſoit gul cœurs tia gir goi cir cer ger col cun des ſt gail xions exo cettes tiel voit gule chœurs tial gon cim ceu cal con cul les exhor gan croit gune ptial gil goir cil ceſſe can cune tes goût gal exi reçoit ſſion gien gé gou cien cé cail com cui ces gai exhi tien gienne gom coup cienne cet cam cuir gam exa gelle git geſſe cieu celle cai coi geur gem.

DIXIEME LEÇON.

Consonnes composées ou dérivées des simples, que l'on fera dire d'abord par détail à l'Enfant, s'il a de la peine à prononcer, & ensuite d'une seule voix.

Consonnes simples.	Consonnes comp.	Consonnes simples.	Consonnes comp.
f	ff ph	p-t	pt
ſ-f	ſf ſph	p-ſ	pſ
ſ-m	ſm	cr	chr
ſ-b	ſb	ſ-chr	ſchr
ſ-ch	ſch	b-r	br
t-r	tr thr	b-l	bl
ſ-t-r	ſtr	d-r	dr
ſ-p	ſp	v-r	vr
p-r	pr	f-r	fr ffr phr
ſ-p-r	ſpr	ſ-ph-r	ſphr
p-l	pl	qu	k
ſ-p-l	ſpl	ſ	s C' ç ſç ſſ

Répétition des mêmes Consonnes.

C' k phr vr dr bl br ſchr pſ chr pt
ſphr pl pr ff ſpl ſpr thr ſb ſin ſtr ſph
ffr s ç ff ſç ph fr tr ſſ ſp ſch.

Consonnes doubles mêlées avec les simples.

pr ff pl chr pſ v ſchr t br dr bl vr
l phr ſp k ſpl f C' cr ch tr gu fr ph
ſphr n qu ff b ill ſç ç ffr d ſph ſ z ſtr
ſm gn gl p ſb r m ſt x thr ⅋ ſqu pt
ſpr fl s gr j cl ſſ ſcr.

RÉSUMÉ

DE tous les Sons dont la Langue françoiſe eſt
compoſée, & qu'il ſuffit que les Enfans connoiſſent
parfaitement, pour être en état de lire.

1°. LES Sons des trois premieres Planches, page 22.

2°. Les Sons reſſemblants des deux premieres Planches,
page 48.

3°. Les Sons de la quatrieme Planche, avec leurs compoſés, page 52.

4°. Les Conſonnes compoſées ou dérivées des ſimples,
page 54.

Tout ce qui eſt ci-après, n'eſt que l'emploi, ou l'aſſemblage & la répétition de tous ces Sons.

OBSERVATION.

SI l'Enfant poſſede bien toutes les Leçons précédentes, on pourra, en même temps qu'on l'exercera ſur la ſuivante & ſur tout le reſte, ainſi que ſur les Sons qui commencent par une grande lettre, le faire lire dans le Conte ; mais avant il ſera bon qu'il ait parcouru les différents Exemples qui ſont ci-après, pages 65 & 66.

ONZIEME LEÇON.

Sons & Syllabes qu'il faut que l'Enfant diſe d'une ſeule voix, ici & par-tout ailleurs, pour qu'il acquiert de la rapidité en liſant.*

er

er ar ir or ur our oir eur air œur ur oir ar or our er ir air.

el

el al ol il ul oule oile aule eule uile arle erle orle urle elle alle ille olle ulle.

ob

ob ab eb ib ub arbe erbe orbe urbe albe elbe ulbe aube oube ambe imbe ombe ourbe.

___

* Les Syllabes compoſées d'un *e* muet & d'une conſonne, par exemple, *eb*, *ep*, *ene*, *eme*, *eg*, &c. ſe prononceront comme ſi l'*e* étoit moyen ou preſqu'ouvert.

age

age ege ige oge uge ange inge onge eige
arge erge orge urge ouge auge.

ad

ad ed id od ud ande inde onde ende oude
aide aude oide ourde arde erde orde urde.

eſ

eſ aſ iſ oſ uſ arſe orſe erſe urſe ourſe
eſſe iſſe aſſe uſſe oſſe ouſſe oiſſe auſſe uiſſe.

ip

ip op ep ap up arpe erpe irpe orpe urpe
oupe aupe oipe alpe elpe ilpe olpe ulpe êpe.

ec

ec ac ic oc uc ec oc ic ac uc
ic ec uc ac oc ec uc ic ac oc.

av

av ev iv ov uv anve inve enve arve erve
orve urve alve ilve ulve êve auve euve
oive ouve uive.

H

une

une ane ine one ene erne irne orne urne
oine eune aune eine uine.

ette

ette atte itte otte utte ate ete ite ote
ute ête arte erte irte orte urte eurte
eute aute oite einte oute aite uite ante
inte onte ente ointe.

ex

ex   ax   ix   ox   ux

emme

emme imme omme amme alme elme ilme
olme ulme arme erme irme orme aime aume
uime ame ime eme ome ume ême éme.

af

af ef if of uf aff off iff uff eff arf erf orf
inf onf enf auf euf oif ouf uif affr effr
iffr offr ouffr auffr anfr infr affl ifl afl
ufl onfl oufl anfl.

ag

ag eg ig og ug aug ag ig ug eg og ig.

enne

enne anne onne inne ene ine one ane êne.

ace

ace ice ece oce uce arce erce orce urce
ource auce ouce ance ince once ence
alce elce olce ilce ulce.

aiſe

aiſe aſe eſe iſe oſe uſe auſe euſe oiſe ouſe
uiſe auſe êſe ouſe euſe.

eil

eil ail ouil euil eille ouille aille euille.

DOUZIEME & derniere LEÇON.

Lettres Breves ou Diphtongues.

a *bref.*

aon aa aé aïr aor aan aï aü aïn ao aïeul
aab aad aac aïf aal aïl aül aam aaſ.

é *bref.*

éeſſe éa éon éal éor éan éage éé éir
éance éer éo éél éu éi éhen éhé,

i *bref.*

ieu ieuſe io ié ia ion ial iez iace iuſ iad
ier iaſ ief ieur iar iol iet ior iai iois iette
ienne ian iance iage ioit iap ience ieille
ioient iel iaſſe ielle ieſſe iere ionne ianne
iaiſe iau iou.

y *bref.*

yé ya yal yon yer yaſſe yeur yar yau yai
yenne yan yage yoit yez yeul yeuſe
yoient yol yance.

o *bref.*

oel oab oad oaſ oeg oïl oar oé oa oï
oü oon oan oail oyen oet oyenne oë oal
oail oag ooz oelle ohor,

u *bref.*

uin uir ué uer uon uan uai uel ua uet
uage ueu uoit uelle ueufe uaffe uoient
uence ueur uete uil uif uiv uez uau uad uar.

ou *bref.*

oui ouir ouan ouange ouer ouez ouon
oueur ouai ouin ouelle ouaffe ouette oua
oué ouoit oueffe oueu ouab ouoient oueufe
ouage ouane ouar ouaille ouhai.

SYLLABES

*Formées des Confonnes compofées & des Sons ou
radicaux ou reffemblants, afin d'accoutumer
les Enfans à lire les mots les plus difficiles.*

guez &tum xaille brê dref ffrois quoir
jai deu phloi blouil flim fteuil fchem

---

oient am i oit é œil oy eh om oi ez
vr bl dr t br fchr v pf chr pl fl pr ll
ë in œu euille ois ien eau & et o y
ph fr gu tr ch cr C' f fpl k fp phr l.

ſcroî veur chyen rouille ſy quau pteſt
troient glelle chram trœu fray ctrail
illau clon gnè glaim ffloy cleſſe ſcheur
ſbien grei phou tin phrair prë ſim
croit zour fen blez pleuille çê ſplein
ſphoi nai lyen beau Ky C'œil ptau
ſai ſtoi ſquelle pſain vrei ſtrin moî peil
floit thrim plan blom ſpois ſmel.

teille phun greſt ſelle preſſe phroient
fez chrem zoit çum flaille nê ſpheſ
ſplois Koir bai plez leu ſoi ptouil
C'im pſoî ſquem ſtœur myen ſtrouille
vry thrau floient pelle clam ffleſt clœu
ſchay ſbail xau cton què ffraim droy
breſſe dien jeur quei flou blin.

____

cu œur eſ ê un aim è el œurs yen
ſtr z ſ ſph d ffr ç ſç ill b ff qu n ffl
on eſt eil um elle en ain erre an eille
pt ſqu ct thr x ſt m r ſb p gl gn ſm tt.

ſcrai ſchim ſtoit rour chë vez treuil quê
ſein ptoi chrai glyen ĉtreau fry trœil clai
gnau illoy blelle plain ſprei ſmin ſpoî
illoit gleil vim phlan brom glois trel
ſau ſteille quun gueſt ſchelle peſſe lez
ſtoient flem phroit plum vrez chry choi
ſplê zeſ grois ſmoir clai chreu.

blim drouil fflem freuil quoî schœur ſby
jyen ĉtouille flau ſquoient belle plam
preſt blœu ſtray ptail ſphau cron phê
ſpraim gnoy pteſſe reur flien ffrei clou
ĉtrin trair ſcre dim xoit throur pſen
kez çeuille mê ſoi nein ſai tyen feau
ſpy illoit klon phlair frelle kain tei
guœil jau ſcrai phroy plelle.

ai er ay ein em eur ei euil im eſſe au oî
mm ſcr ſſ cl j gr ſ rr fl ſpr bb phr ſç
an ien ay ois erre ai en ail ain er
tr ſp ç ĉt ſqu k ffr ſpl w ffl dd pt nn.

brin bloî reil zoit ſphim ſan quois
schom trel flau beille pſun phleſt xeſ
chelle pteſſe soient mem ſplez ſtoit
quum ctrez laille ſquê ptois throir vai
chreu gnoi fouil ſtrim ſeuil frem cloî
ſtœur flyen glouille phy pay ſbail illau
vrelle blam treſt flœu ſmon glè ſchaim
groy neſſe drien plei.

creur flou ctin dair prë fim ſpoit çen
ffrour guœil ctrez chri flay clau ſpez
ſproient clê pteuille plein ſtroi scheau
ſai flyen pſy ctrœil fflau mai bloy gnelle
ſmain threi ſbin cloî treil poit glim fran
ſquom kois illel ſprau Chreille run vreſt
prelle neſſe troient quez scram.

---

an   ien ay ois erre ai en aille ain er
qu ſb dr bl r ff m b vr ſt l ill x
ouille o et eur & eu em eille eau ein
cl gu j ſm v fr gn t gl ſchr nn ph br.
EXEMPLES

EXEMPLES

DES mots composés de la lettre h, qu'on cachera d'abord avec une fiche, en disant à l'Enfant qu'elle ne se compte point.
On lui dira la même chose pour toutes les autres lettres qui ne se prononcent pas dans ces différents exemples, & ailleurs, en leur conservant le nom de la Figure.

heureux habit hommage homicide herbe
histoire humide habitude hérisson herbage
heureusement hyver historien homme hor-
loge humble hospitalité horreur humain
humblement huileux humeur hypocrite
honorablement.

EXEMPLES

Sur la lettre s finale, qui ne se prononce que dans les monosyllabes mes, ces, des, les, tes, ses.

branches cordages basses blondes bourses
carmes fautes graces meules pommes
portes routes grandes poules hommes
princes courses goutes rides larmes larges

cartes fommes places danfes mes palmes modes fes glandes flames des vêpres les verbes offices merles tes novices vifites ces huîtres.

EXEMPLES

Des terminaifons des Verbes en ent, *qui ne fe prononcent que comme s'il n'y avoit qu'un* e *muet.*

craignent mouillent riment montent manquent étouffent ouvrent rompent aiment retournent afpirent trouvent mouchent admirent étranglent déclinent touchent montrent tremblent fouflent mangent brûlent lifent entrent écrivent.

EXEMPLES

Des mots où il y a certaines figures comme er , in ; en, un, ff, ft, *qu'il faut dire à l'Éleve de couper.*

tomberoit feroit accorderons animofité fera venoient continuité ferons cabinet

promenés terminer féminin ferez capi-
taine chargera vefte humanité bonifier
cafferiez trouvera origine commune pro-
ceffion amener criminelle latinité rangera
travaillé inopiné inhabile venoit univers
feriez avenir prenez fera parvenu univer-
fel devinions ferai inclination veftes em-
preffement eftimer.

CATALOGUE

Des noms des Figures employées dans cet Ouvrage,
qu'il fera bon de faire lire plufieurs fois aux Enfans.

La lune un lit un chat un boffu une femme
une pipe une chaife le foleil un ferpent
un fauteuil une caraffe une cage un verre
une glace des os un dé une roue un balai
une fleur des raves. Un raifin une robe de la
falade un autel un roi un poing des yeux
un loup un enfant un fouet un mouton une
abeffe une chienne un boiteux une fourchette
une bague un bec un étui un chien un. Une cave

I ij

une tête une poule des griffes une mouche une langue un âne une jambe une bourſe une poire une plume un négre une perruque des feuilles des ceriſes une lampe une orange une boucle du ſucre une corde un peigne des épingles un maſque des pantoufles. Des écus des abricots un avocat une balance un châſſis un chriſt des fagots un logis une proceſſion un ſinge un cœur des inſectes une figure un doigt des pincettes la bénédiction des plumets l'index un gâteau un homme qui excite des chiens.

O B S E R V A T I O N.

Lᴇ caractere italique differe très-peu du romain. Lorſqu'on en aura fait connoître à l'Enfant les ſons ci-après, en l'aidant la premiere fois à les nommer, il ſuffira, pour lui en donner l'habitude, de lui faire lire les titres en lettres italiques qui ſont dans le livre.

CARACTERES ITALIQUES.

Voyelles, ſons ſimples & compoſés mêlés enſemble.

a eille un eſt eſſe er em oit el om an im age eil ot in ain elle oy au œil y eau yen

ein euille eȝ en & our eh ë air ou ei o
eur ien aim è on ail ay œu erre am oient
ouille i œur euil ouil oi eu ai oir u ois
eſ ê aille ex um é et.

Conſonnes ſimples.

m j C' f r p d l ſ s ȝ t
b v n ç k x.

Conſonnes compoſées & mêlées
avec les ſimples.

ſp ill v phl br ſch p ſt l phr
ſl ſſr qu sch j ɛt ſb ſt ſqu b pl
pr ſpr gn r thr pſ k ç gl s tr gu
vr C' ȝ gr cl Chr ch dr bl ſtr pt
cr ph ɛtr ſcr d x m ſ n f t.
ſpl.

TABLE

Des sons radicaux & ressemblants de la premiere & seconde Planches.

Premiere Planche.

une	Une	ip	Ip	e	E
i	I	aise	Aise	age	Age
il	Il	eil	Eil	er	Er
a	A	œil	Œil	ace	Ace
u	U	euil	Euil	o	O
emme	Emme	ouil	Ouil	au	Au
é	É	ail	Ail	eau	Eau
eh	Eh	en	En	ai	Ai
eur	Eur	em	Em	ay	Ay
œur	Œur	av	Av	est	Est
af	Af	y	Y	et	Et

Répétition de ces sons.

Œur Une Et Ip Eau Af I Aise Est Age
A Eil Er U Au En Ace Ail Emme Y Euil
Eh O Il É Ai E Av Eur Œil Em Ay Ouil.

Seconde Planche.

on......On	oin .... Oin	ec ......Ec
om.....Om	yeu .... Yeu	enne...Enne
ad ......Ad	ou......Ou	eu ......Eu
ob......Ob	an ......An	œu.....Œu
el ....El	am ......Am	ette ....Ette
elle ....Elle	ean......Ean	ui ....Ui
oi ....Oi	ouet...Ouet	in ....In
oy ......Oy	ef ....Ef	im ......Im
ag ......Ag	effe.....Effe	aim ....Aim
ien .....Ien	un ......Un	ain .....Ain
yen ....Yen	um .....Um	ein .....Ein

Répetition de ces sons.

In Oin Am On Yeu Im Ef Ob Um Ad
Ou Enne Aim El An Eu Oi Ain Ouet
Ette Ag Ec Ui Ien Ein un Yen Om Effe
Œu Elle Oy Ean.

Les mêmes sons de ces deux Planches mêlés.

Oy Œu Et Elle Ay Om Eau Yen Œur
Un Em Ein Af Ien Eh Ui Age Ec Y

Ag Effe Ace Ette Ail Ouet Er Ain Ai
Oi Ip Eu Aife An Eil El En Aim Euil
Enne Il E Ou Av Ad Une Um I Ob A
Ef Eft Im U Yeu Emme On É Am Au
Oin Eur In Œil Ean Ouil O.

TABLE

Des confonnes compofées.

ch . . . . Ch	gr . . . . Gr	qu . . . . . . Qu
fch . . . . . Sch	cl Cl	fqu . . . . . Squ
gu . . . . Gu	gn . . . . Gn	fl . . . . Fl
gl . . . . Gl	ct. . . . . . . Ct	cr . . . . Cr
ph . . . . . . Ph	fm . . . . . . Sm	chr . . . . Chr
fph . . . . Sph	tr . . . . Tr	fchr . . . . Schr
phl . . . . . Phl	thr . . . . . Thr	br . . . . Br
fphl . . . Sphl	fp . . . . . . Sp	bl . . . . Bl
phr . . . . . Phr	ftr . . . . . . Str	dr . . . . . . Dr
fphr . . . Sphr	fr . . . . Fr	vr . . . . . . Vr
pr . . . . Pr	pl . . . . Pl	pt . . . . Pt
fpr . . . . . Spr	fpl . . . . . . Spl	pf . . . . Pf.

Répétition

Répétition des mêmes consonnes.

Spl Ps Spr Ch Pr Pl Sch Pt Gu Cl Gr
Qu Sphl Vr Gl Cr Bl Sph Fr Dr Ct
Gn Ph Str Br Squ Fl Chr Tr Sp Phl
Schr Phr Sm Thr Sphr.

TABLE

Des sons de la quatrieme Planche.

cu . . . . Cu	ga . . . . Ga
co. . . . . Co	gur . . . . Gur
ca. . . . . Ca	doit . . . . Doit
ce . . . . Ce	tion . . . . Tion
ci Ci	fept . . . . Sept
go . . . . Go	mes. . . . . Mes
gi . . . . Gi	ex.. . . . . Ex
ge . . . . Ge	cœur . . . . . . Cœur

Répétition de ces sons avec leurs composés, pour la connoîssance desquels on employera le moyen indiqué page 50, pour les mêmes sons.

Gi Car Ce Cor Ge Ses Chœur Cur Goût

Gin Gor Mes Cu Cin Cen Co Cœur Ca

Gar Ci Cai Cou Go Doit Exem Ga Ex
Celle Gen Cet Exer des Cun Col Exa
Cir Cer Goi Gé Cette Exo Ger Gan Cé
Les Ceu Con Cim Gem Gon Tes Can
Exi Gou Cour Com Gom Ces Gai Exhi
Gour Cam Exil Coi Gam Gau Cieu Cé.

SONS ET SYLLABES

En lettres majuscules des deux premieres Planches,
avec la plus grande partie des sons ressemblants,
& quelques-uns composés du son radical.

a	A	eur	EUR
u	U	une	UNE
emme	EMME	eil	EIL
af	AF	ip	IP
é	É	er	ER
eh	EH	age	AGE
ez	EZ	ai	AI
av	AV	ay	AY
euil	EUIL	oî	OÎ

e . . . . E	ê . . . . Ê
aife . . . . . AISE	ë . . . . Ë
o . . . . O	ei . . . . EI
au . . . . AU	et . . . . Et
i I	eft . . . . . . EST
y . . . . Y	ois . . . . . . OIS
ace . . . . . . ACE	oit . . . . . . OIT
ec . . . . EC	oient . . . OIENT

Répétition de ces fons.

UNE AI AGE EC A ACE OIENT ER
IP I AY AU EIL EUR O Ë OIS
AISE OÎ E Ê EUIL U Y AV EST
EZ EI AF É OIT EMME EH ET.

Seconde Planche.

un . . . . . . UN	in . . . . IN
um . . . . . . UM	im . . . . . . IM
ob . . . . . . OB	ad . . . . . . AD
oi . . . . . . OI	el . . . . . . EL
oy . . . . . . OY	ouet . . . . OUET

eſ . . . . ES	en . . . . EN
ui . . . . UI	em . . . . EM
oin . . . . . . OIN	yeu . . . . . YEU
on . . . . ON	ou . . . . . . OU
om . . . . . . OM	an . . . . . . AN
enne . . . . . ENNE	am . . . . . . AM
eu . . . . . . EU	ette . . . . . ETTE
ien . . . . . . IEN	ag . . . . . . AG

Répétition de ces ſons.

AM UN OG EU IN ENNE AN OB AD
EG UM OI EN EL OM ETTE OU ES
IG OY IM OUET ON UG IEN EM
UI AG OIN YEU.

Les mêmes ſons de ces deux Planches mêlés.

AI OU E AU UNE IC EU IEN ENNE
UI AY EUIL AGE É AG OC AM OÌ
AV IG AN EUR YEU EC A OM EH
U OIENT EG ON EZ EIL AC ETTE

EM Ê ACE EN I ER OIT ES OUET

IP AF Ë OY UC OIN ET OI EMME

EL UM O AD UG IN OB Y OIS IM

OG EST UN AISE EI.

AUTRES SONS RESSEMBLANTS,

Composés des précédents , dans lesquels il n'y a qu'une lettre à retrancher ou à ajouter à chacun pour qu'ils soient les mêmes aux yeux , n'étant point différents à l'oreille.

AN . . . . . . EAN	ER . . . . . ERRE
IN . . . . . . EIN	EL . . . . . . ELLE
IN . . . . AIN	ES . . . . . . ESSE
IM . . . . AIM	EUR . . . . ŒUR
ON . . . . . EON	EIL . . . . . . ŒIL
UN . . . . . EUN	EIL . . . . . EILLE
AU . . . . . EAU	AIL . . . AILLE
EU . . . . . . ŒU	OUIL . . OUILLE
IEN . . . . YEN	EUIL . . . EUILLE

Répétition des sons ressemblants.

Premiere Ordre.

EIN AILLE ŒU EUN ELLE YEN
ERRE ŒIL AIN OUILLE EAN
ESSE EILLE EAU EON EUILLE
AIM ŒUR.

Second Ordre.

AILLE EUN YEN ŒIL OUILLE
AIM EAU EON ŒUR EIN ŒU
ELLE ERRE ESSE EILLE EUILLE
AIN EAN.

Les mêmes sons composés mêlés avec leurs racines.

EIN EUIL EAN ET AILLE OIN ŒU
AI ESSE OU AIM IM ELLE EN OI
EILLE AU AIL UM YEN ER IN EUN
OM EAU EU AN EIL ERRE IEN ŒIL
EM OUIL AIN EUR UN AM EUILLE
ES ENNE ON EL ŒUR EON OUILLE.

CONSONNES SIMPLES

De la troisieme Planche.

v V	f . . . . S
t . . . . T	c' . . . . . . C'
l L	r . . . . R
f . . . . . . F	m . . . . . . M
n . . . . . . N	z . . . . Z
b . . . . . . B	p . . . . P
d . . . . . . D	x X
j . . . . J	k . . . . . . K

Répétition de ces sons.

Premier Ordre.

T S V R C' L K M F X

B J N Z D P.

Second Ordre.

D S T P V Z R N C' J

L B K X M F.

DOUBLES CONSONNES,

Dont la prononciation ne rend point, ou très-peu,
à l'oreille le son des lettres qui les composent.

TABLE.

ch	CH	&ct;	CT
qu	QU	cr	CR
ill	ILL	chr	CHR
gr	GR	gn	GN
gl	GL	thr	THR
cl	CL	ph	PH
gu	GU	phr	PHR

Répétition de ces doubles consonnes.

Premier Ordre.

CHR GN GL GU PH ILL CH THR
CR CT CL GR QU PHR.

Second Ordre.

CH PHR ILL PH GR CL GU CT
GL GN THR CHR QU CR.

DOUBLES

DOUBLES CONSONNES,

Dont la prononciation rend à l'oreille le son des lettres qui les composent.

Premier Ordre.

PR FL ST FR PT BR PL TR
BL VR DR SM PS SB SP.

Second Ordre.

FL FR BR TR VR PR ST DR
PT PL BL SB SP PS SM.

Toutes les Consonnes doubles & simples mêlées ensemble.

GU BR QU PHL ST V S GL TR
ILL SP GR PHR Z FL SPL L C'
VR P PL SCH CT DR J BL CH
FR CL FFL PH N PR B CHR SPH
PT SQU BL X CR SB FFR D SCR
STR F GN SPR T SM R CTR K PS
M THR SPHR.

L.

SONS OU SYLLABES

De la quatrieme Planche.

mes . . . . . MES	tion . . . . TION
ci CI	ce . . . . . . CE
ge . . . . . . GE	gur . . . . . GUR
ca . . . . . . CA	cœur . . . CŒUR
co . . . . . CO	gi . . . . GI
sept . . . . SEPT	ex . . . . . . EX
cu . . . . . . CU	ga . . . . . . GA
go . . . . . . GO	doit . . . . DOIT,

Répétition de ces sons.

Premier Ordre.

MES GE SEPT GO CE CŒUR EX
GA CI CA CO CU TION GUR
GI DOIT.

Second Ordre.

CI MES CA GE CO CU SEPT GO
TION GUR CE GI DOIT EX GA
CŒUR.

Répétition des mêmes Syllabes mêlées avec leurs composés.

Voyez l'Avis de la page 50.

GE CHŒUR TIENCE GIN CIN CEN
SES CU CO MES CA GI CE TION
CŒUR CI CAI GO AX XION TIEL
GIM BOIT GAU CELLE DOIT GUR
SEPT EXEM EX GA TIA GEN GUL
SOIT CET EXER IX GAIL OX DES
CUN GIEU GOI TIAL GÉ VOIT
EXIL GESSE CROIT EXO EXHOR
GAN LES CEU CON GIM GEUR
GON GEM UX TES GUNE CUNE
COU CAN CESSE CAIL EXI CIEN
CÉ REÇOIT GOU GIEN CIENNE
COM GOM CUI GIENNE CES TIEN
GAI EXHI GELLE CETTE CAM
EXA GAM CUIR COI CIEU.

AVERTISSEMENT.

La premiere fois que les Enfans liront le Conte suivant, non-seulement on n'exigera pas d'eux qu'ils lient les mots, parce qu'on trouvera, à la fin de cette piece de lecture, une Table pour les liaisons, mais on les conduira toujours, comme ci-devant, avec la pointe d'une grosse épingle, de syllabes en syllabes, en pratiquant ce qui est indiqué pour les différents exemples qui sont aux pages 65 & 66.

Durant la premiere lecture du Conte, on comprendra dans la répétition qui est recommandée page 15, l'exercice sur les Sons en gros caracteres, afin qu'à la seconde fois on puisse faire lire exactement aux Enfans une ou deux des Fables abrégées qui sont au bas de chaque page.

La seconde ou troisieme fois qu'ils recommenceront le Conte, on les rectifiera sur les sons *er*, *ai*, qui étant finals, comme dans *aimer*, *j'écrirai*, doivent être adoucis, & avoir celui de l'*é* fermé, ou du *dé*.

On les accoutumera aussi à former les liaisons, & peu-à-peu à lire sans le secours d'un guide, en les arrêtant seulement sur la syllabe sur laquelle ils se tromperoient. *Voyez le n°. 9 de l'Instruction, page 14.*

On conçoit, sans doute, qu'il sera indispensable d'aider les Enfans dans la lecture de certains mots, sur-tout de ceux tirés du Grec & de l'Hébreu, où les mêmes figures ou lettres, telles que *ch*, *gu*, *qu*, *gn*, *en*, *un*, &c. ont un son différent. Ils apprendront ces exceptions & d'autres, comme tout le monde, par l'usage.

LE PRINCE CHÉRI.

CONTE.

IL y avoit, du tems des Fées, un Roi qui étoit si honnête-homme, que ses sujets l'appelloient le Roi bon. Un jour qu'il étoit à la chasse, un petit lapin blanc que les chiens alloient tuer, se jetta dans ses bras. Le Roi caressa ce petit lapin, & dit : puisqu'il s'est mis sous ma protection, je ne veux pas qu'on lui fasse du mal. Il porta ce petit lapin dans son Palais, & il lui fit donner une jolie petite maison, & de bonnes herbes à manger. La nuit quand il fut seul dans sa chambre, il vit paroître une belle Dame ; elle n'avoit point d'habits d'or & d'argent, mais sa robe étoit blanche comme la neige, & au lieu de coëffure, elle avoit une couronne de roses blanches sur la tête. Le bon Roi fut

---

FABLES.

Le Coq & le Diamant.

UN COQ RENCONTRE UN DIAMANT SUR UN FUMIER. RIEN N'EST SI BEAU, DIT-IL ; MAIS JE NE SAIS QU'EN FAIRE. QUOI, TROUVER DANS LA BOUE UN ORNEMENT SI PRÉCIEUX ! AINSI GÎT LA VERTU, QUAND LE SORT LUI EST CONTRAIRE.

bien étonné de voir cette Dame; car sa porte étoit fermée , & il ne savoit pas comment elle étoit entrée. Elle lui dit : je suis la Fée Candide ; je passois dans le bois pendant que vous chassiez , & j'ai voulu savoir si vous étiez bon, comme tout le monde le dit. Pour cela, j'ai pris la figure d'un petit lapin , & je me suis sauvée dans vos bras; car je sais que ceux qui ont de la pitié pour les bêtes , en ont encore plus pour les hommes; & si vous m'aviez réfusé votre secours, j'aurois cru que vous étiez méchant. Je viens vous remercier du bien que vous m'avez fait , & vous assurer que je serai toujours de vos amies. Vous n'avez qu'à me demander tout ce que vous voudrez , je vous promets de vous l'accorder.

Madame, dit le bon Roi, puisque vous êtes une Fée , vous devez savoir tout ce que je souhaite. Je n'ai qu'un fils que j'aime beaucoup, & pour cela, on l'a nommé le Prince Chéri. Si vous avez quelque bonté pour moi, devenez la bonne amie de mon fils. De bon cœur, lui dit la Fée : je puis rendre votre fils le plus beau Prince du monde, ou le plus riche, ou le plus puissant; choisissez ce que

---

La Fourmi & la Cigale.

FOURMI, DIT LA CIGALE AFFAMÉE, HÉLAS ! UN PEU DE GRAINE ! JE N'AI RIEN , ET L'HIVER EST SI LONG A PASSER. QU'AS-TU DONC FAIT L'ÉTÉ, LUI DEMANDE LA FOURMI ? J'AI CHANTÉ DANS LA PLAINE. ET BIEN, VA MAINTENANT Y DANSER.

vous voudrez pour lui. Je ne defire rien de tout cela pour mon fils, répondit le bon Roi ; mais je vous ferai bien obligé , fi vous voulez le rendre le meilleur de tous les Princes. Que lui ferviroit il d'être beau, riche, d'avoir tous les Royaumes du monde , s'il étoit méchant. Vous favez bien qu'il feroit malheureux , & qu'il n'y a que la vertu qui puiffe le rendre content. Vous avez bien raifon, lui dit Candide ; mais il n'eft pas en mon pouvoir de rendre le Prince Chéri honnête-homme malgré lui : il faut qu'il travaille lui-même à devenir vertueux. Tout ce que je puis vous promettre, c'eft de lui donner de bons confeils , de le reprendre de fes fautes & de le punir , s'il ne veut pas fe corriger & fe punir lui - même.

Le bon Roi fut fort content de cette promeffe ; il mourut peu de tems après. Le Prince Chéri pleura beaucoup fon pere , car il l'aimoit de tout fon cœur, & il auroit donné tous fes Royaumes, fon or & fon argent pour le fauver , fi ces chofes étoient capables de changer l'ordre du deftin. Deux jours après la mort du bon Roi, Chéri étant couché, Candide lui apparut. J'ai promis à votre pere ,

---

La Grenouille & le Bœuf.

UNE GRENOUILLE VOYANT UN JOUR UN BŒUF PRÈS D'ELLE , S'EFFORÇOIT , EN S'ENFLANT, DE L'ÉGALER EN GROSSEUR. ELLE Y CREVA LA PAUVRE BÊTE , ET DEVINT LE MODELE DE LA SOTTE VANITÉ D'AUJOURD'HUI.

lui dit-elle, d'être de vos amies, & pour tenir ma parole, je viens vous faire un préfent. En même-tems elle mit au doigt de Chéri une petite bague d'or, & lui dit: gardez bien cette bague; elle eft plus précieufe que les diamans: toutes les fois que vous ferez une mauvaife action, elle vous piquera le doigt; mais fi, malgré fa piquûre, vous continuez cette mauvaife action, vous perdrez mon amitié, & je deviendrai votre ennemie. En finiffant ces paroles, Candide difparut, & laiffa Chéri fort étonné. Il fut quelque tems fi fage, que la bague ne le piquoit point du tout; & cela le rendoit fi content, qu'on ajouta au nom de Chéri qu'il portoit, celui d'Heureux.

Quelque tems après, il fut à la chaffe, & il ne prit rien: ce qui le mit de mauvaife humeur. Il lui fembla alors que fa bague lui preffoit un peu le doigt; mais comme elle ne le piquoit pas, il n'y fit pas beaucoup d'attention. En rentrant dans fa chambre, fa petite chienne Bibi vint à lui en fautant pour le careffer. Il lui dit: retire-toi ; je ne fuis plus d'humeur de recevoir tes careffes. La pauvre petite chienne qui ne l'entendoit pas, le tiroit par

------

L'Écreviffe.

MARCHEZ DROIT, DISOIT L'ÉCREVISSE MERE A SA FILLE: ALLER A RECULONS! FI, CELA N'EST PAS BEAU. MA MERE, JE SEROIS FACHÉE DE VOUS CONTREDIRE EN RIEN ; JE VOUS SUIVRAI, MAIS MARCHEZ, S'IL VOUS PLAIT, LA PREMIERE.

ſon habit pour l'obliger à la regarder au moins. Cela impatienta Chéri qui lui donna un grand coup de pied. Dans le moment la bague le piqua, comme ſi c'eût été une épingle. Il fut bien étonné, & s'aſſit tout honteux dans un coin de ſa chambre. Il diſoit en lui-même : je crois que la Fée ſe moque de moi ; quel grand mal ai-je fait en donnant un coup de pied à un animal qui m'importune ? à quoi me ſert d'être maître d'un grand Empire, puiſque je n'ai pas la liberté de battre mon chien ?

Je ne me moque pas de vous, dit une voix qui répondoit à la penſée de Chéri. Vous avez fait trois fautes, au lieu d'une ; vous avez été de mauvaiſe humeur, parce que vous n'aimez pas à être contredit, & que vous croyez que les bêtes & les hommes ſont faits pour obéir ; vous vous êtes mis en colere ; ce qui eſt fort mal : & puis, vous avez été cruel à un pauvre animal qui ne méritoit pas d'être maltraité. Je ſais que vous êtes beaucoup au-deſſus d'un chien ; mais ſi c'étoit une choſe raiſonnable & permiſe, que les grands puſſent maltraiter tout ce qui eſt au-deſſous d'eux, je pourrois à ce moment vous battre, vous tuer, puiſqu'une Fée eſt plus

---

Le Lion & le Rat.

Un jour un Lion prit un Rat qu'il laissa vivre. Lui-même, quelque tems après, fut pris dans un filet. Le Rat cherche les nœuds, les ronge et délivre le Lion. Tout sert ; ne dis pas ce n'est rien.

M

qu'un homme. L'avantage d'être maître d'un grand Empire ne confifte pas à pouvoir faire le mal qu'on veut, mais tout le bien qu'on peut. Chéri avoua fa faute, & promit de fe corriger; mais il ne tint pas fa parole. Il avoit été élevé par une fotte nourrice qui l'avoit gâté, quand il étoit petit. S'il vouloit avoir une chofe, il n'avoit qu'à pleurer, fe dépiter, frapper du pied; cette femme lui donnoit tout ce qu'il demandoit, & cela l'avoit rendu opiniâtre. Elle lui difoit auffi, depuis le matin jufqu'au foir, qu'il feroit Roi un jour, & que les Rois étoient fort heureux, parce que tous les hommes devoient leur obéir, les refpecter, & qu'on ne pouvoit pas les empêcher de faire ce qu'ils vouloient.

Chéri devenu grand garçon & raifonnable, avoit bien connu qu'il n'y avoit rien de fi vilain que d'être fier, orgueilleux, opiniâtre. Il avoit fait quelques efforts pour fe corriger; mais il avoit pris la mauvaife habitude de tous ces défauts, & une mauvaife habitude eft bien difficile à détruire. Ce n'eft pas qu'il eût naturellement le cœur méchant. Il pleuroit de dépit, quand il avoit fait une faute, & il difoit : je fuis bien malheureux d'avoir à combattre

---

La Lice & fa Compagne.

JE T'AI PRÊTÉ MA PLACE POUR FAIRE TES PE-
TITS, DIT UNE LICE A L'AUTRE : ILS SONT NÉS, ILS
SONT GRANDS : SORS. NON, DIT CELLE-CI : IL
FAUT QUE LA FORCE ME CHASSE. GARDONS-NOUS
DE DONNER AUCUN ACCÈS AUX MÉCHANTS.

tous les jours contre ma colere & mon orgueil : fi
on m'avoit corrigé quand j'étois jeune, je n'aurois
pas tant de peine aujourd'hui. Sa bague le piquoit
bien fouvent. Quelquefois il s'arrêtoit tout court ;
d'autres fois il continuoit ; & ce qu'il y avoit de
fingulier, c'eft qu'elle ne le piquoit qu'un peu pour
une légere faute ; mais quand il étoit méchant, le
fang fortoit de fon doigt. A la fin cela l'impatienta,
& voulant être mauvais tout à fon aife, il jetta fa
bague. Il fe crut le plus heureux de tous les
hommes, quand il fe fut débarraffé de fes piquûres.
Il s'abandonna à toutes les fottifes qui lui venoient
dans l'efprit, en forte qu'il devint très-méchant,
& que perfonne ne pouvoit plus le fouffrir.

Un jour que Chéri étoit à la promenade, il vit
une fille qui étoit fi belle, qu'il réfolut de l'époufer. Elle fe nommoit Zélie, & elle étoit auffi fage
que belle. Chéri crut que Zélie fe croiroit fort
heureufe de devenir une grande Reine ; mais cette
fille lui dit avec beaucoup de liberté : Sire, je ne
fuis qu'une bergere, je n'ai point de fortune ; mais,
malgré cela, je ne vous épouferai jamais. Eft-ce
que je vous déplais, lui demanda Chéri, un peu

La Puce & la Sang-fue.

La puce se plaignoit et disoit a la Sang-
sue : tu te gorges de sang, tu le bois a
longs traits. Moi, pour moins d'une goute,
on m'écrase, on me tue. Mort aux petits
voleurs : aux grands, honneur et paix.

ému ? Non, mon Prince, lui répondit Zélie. Je vous trouve tel que vous êtes, c'eſt à-dire, fort beau ; mais que me ſerviroient votre beauté, vos richeſſes, les beaux habits, les caroſſes magnifiques que vous me donneriez, ſi les mauvaiſes actions que je vous verrois faire chaque jour, me forçoient à vous mépriſer & à vous haïr. Chéri ſe mit fort en colere contre Zélie, & commanda à ſes Officiers de la conduire de force dans ſon Palais. Il fut occupé toute la journée du mépris que cette fille lui avoit montré ; mais comme il l'aimoit, il ne pouvoit ſe réſoudre à la maltraiter.

Parmi les favoris de Chéri, il y avoit ſon frere de lait auquel il avoit donné toute ſa confiance. Cet homme qui avoit les inclinations auſſi baſſes que ſa naiſſance, flattoit les paſſions de ſon maître, & lui donnoit de très-mauvais conſeils. Comme il vit Chéri fort triſte, il lui demanda le ſujet de ſon chagrin. Ce Prince lui ayant répondu qu'il ne pouvoit ſouffrir le mépris de Zélie, & qu'il

----

Le Corbeau & le Renard.

CERTAIN CORBEAU TENOIT UN FROMAGE DANS SON BEC. LE RENARD VINT LUI DIRE : O, QUE VOUS CHANTEZ BIEN ! C'EST UN CHARME DE VOUS ENTENDRE. LE CORBEAU LE CROIT, CHANTE ET NE TIENT PLUS RIEN. QUI ÉCOUTE LES FLATEURS, N'EST PAS SAGE.

étoit réfolu de fe corriger de fes défauts, puifqu'il falloit être vertueux pour lui plaire, ce méchant homme lui dit : vous êtes bien bon de vouloir vous gêner pour une petite fille ; fi j'étois à votre place, ajouta-t-il, je la forcerois bien à m'obéir. Souvenez-vous que vous êtes Roi, & qu'il feroit honteux de vous foumettre aux volontés d'une Bergere qui feroit trop heureufe d'être reçue parmi vos efclaves. Faites-la jeûner au pain & à l'eau ; mettez-la dans une prifon, & fi elle continue à ne vouloir pas vous époufer, faites-la mourir dans les tourmens, pour apprendre aux autres à céder à vos volontés. Vous ferez déshonoré, fi l'on fait qu'une fimple fille vous réfifte ; & tous vos fujets oublieront qu'ils ne font au monde que pour vous fervir. Mais, dit Chéri, ne ferai-je pas déshonoré, fi je fais mourir une innocente ? car enfin Zélie n'eft coupable d'aucun crime. On n'eft point innocent, quand on refufe d'exécuter vos volontés, reprit le confident : mais je fuppofe que vous commettiez une injuftice, il vaut bien mieux qu'on vous en accufe, que d'apprendre qu'il eft quelquefois permis de vous manquer de refpeƈt, & de vous con-

---

La Fourmi & la Mouche.

Misérable Fourmi, disoit fièrement la Mouche ; vil animal, que le travail fera périr. Pour moi la bonne chere, le doux plaisir et la Cour. Adieu, Mouche, dit la Fourmi : l'hiver viendra.

tredire. Le courtifan prenoit Chéri par fon foible; & la crainte de voir diminuer fon autorité, fit tant d'impreffion fur le Roi, qu'il étouffa le bon mouvement qui lui avoit donné envie de fe corriger. Il réfolut d'aller le foir même dans la chambre de la Bergere, & de la maltraiter, fi elle continuoit à refufer de l'époufer. Le frere de lait de Chéri, qui craignoit encore quelque bon mouvement, raffembla trois jeunes Seigneurs auffi méchants que lui, pour faire la débauche avec le Roi; ils fouperent enfemble, & ils eurent foin d'achever de troubler la raifon de ce pauvre Prince, en le faifant boire beaucoup. Pendant le fouper ils exciterent fa colere contre Zélie, & lui firent tant de honte de la foibleffe qu'il avoit eue pour elle, qu'il fe leva comme un furieux, en jurant qu'il alloit la faire obéir, ou qu'il la feroit vendre le lendemain comme une efclave.

Chéri étant entré dans la chambre où étoit cette fille, fut bien furpris de ne la pas trouver; car il avoit la clé dans fa poche. Il étoit dans une colere épouvantable, & juroit de fe venger fur tous

---

Le Lion malade & le Renard.

Un Lion tomba malade. Un Renard venu pour le voir, se tint a l'entrée de sa taniere, et appercevant des pas sur la poussiere; peste, dit-il, tous marquent bien comme on entre, mais pas un comme on sort.

ceux qu'il foupçonneroit d'avoir aidé Zélie à s'é-
chapper. Ses confidents l'entendant parler ainfi,
réfolurent de profiter de fa colere, pour perdre
un Seigneur qui avoit été Gouverneur de Chéri.
Cet honnête homme avoit pris quelquefois la
liberté d'avertir le Roi de fes défauts; car il l'aimoit, comme fi c'eût été fon fils. D'abord Chéri le
remercioit; enfuite il s'impatienta d'être contredit,
& puis il penfa que c'étoit par efprit de contradi-
ction que fon Gouverneur lui trouvoit des défauts,
pendant que tout le monde lui donnoit des louan-
ges. Il lui commanda donc de fe retirer de la Cour;
mais, malgré cet ordre, il difoit de tems en tems
que c'étoit un honnête homme, qu'il ne l'aimoit
plus, mais qu'il l'eftimoit, malgré lui-même. Les
confidents craignoient toujours qu'il ne prît fantaifie
au Roi de rappeller fon Gouverneur, & ils crurent
avoir trouvé une occafion favorable pour l'é-
loigner. Ils firent entendre au Roi que Suliman
(c'étoit le nom de ce digne homme) s'étoit vanté
de rendre la liberté à Zélie : trois hommes corrom-
pus par des préfens, dirent qu'ils avoient ouï tenir
ce difcours à Suliman; & le Prince, tranfporté de

L'Oracle & le Roi.

UN ROI ENTENDIT JADIS CET ORACLE ADMI-
RABLE. POUR N'ÊTRE QUE LOUÉ, FAIS TOUT CE
QUE TU VOUDRAS; MAIS POUR QUE TU MÉRITES
DE L'ÊTRE VRAIMENT, PRENDS TOUJOURS BIEN
GARDE A CE QUE TU FERAS.

colere, commanda à son frere de lait d'envoyer des foldats pour lui amener fon Gouverneur enchaîné comme un criminel.

Après avoir donné ces ordres, Chéri fe retira dans fa chambre : mais à peine y fut-il entré que la terre trembla. Il fit un grand coup de tonnerre, & Candide parut à fes yeux. J'avois promis à votre pere, lui dit-elle d'un ton févere, de vous donner des confeils & de vous punir, fi vous refufiez de les fuivre : vous les avez méprifés, ces confeils ; vous n'avez confervé que la figure d'homme, & vos crimes vous ont changé en un monftre, l'horreur du Ciel & de la terre. Il eft tems que j'acheve de fatisfaire à ma promeffe, en vous puniffant. Je vous condamne à devenir femblable aux bêtes dont vous avez pris les inclinations. Vous vous êtes rendu femblable au lion, par la colere ; au loup, par la gourmandife ; au ferpent, en déchirant celui qui avoit été votre fecond pere ; au taureau, par votre brutalité. Portez dans votre nouvelle figure le caractere de tous ces animaux. A peine la Fée avoit-elle achevé ces paroles, que Chéri fe vit avec horreur tel qu'elle l'avoit

---

Le Prince & le Berger.

Un Prince éloigné de sa suite, entra chez un berger et lui dit : comment vis-tu ? Je vis content et joyeux comme un Roi ; mon troupeau est mon peuple, je suis heureux quand je le vois : plus il est gras, plus je profite.

souhaité.

fouhaité. Il avoit la tête d'un lion, les cornes d'un taureau, les pieds d'un loup & la queue d'une vipere. En même tems, il fe trouva dans une grande forêt, fur le bord d'une fontaine où il vit fon horrible figure; & il entendit une voix qui lui dit : regarde attentivement l'état où tu t'es réduit par tes crimes. Ton ame eft devenue mille fois plus affreufe que ton corps. Chéri reconnut la voix de Candide, & dans fa fureur, il fe retourna pour s'élancer fur elle & la dévorer, s'il lui eût été poffible; mais il ne vit perfonne, & la même voix lui dit : je me moque de ta foîbleffe & de ta rage; je vais confondre ton orgueil, en te mettant fous la puiffance de tes propres fujets.

Chéri crut qu'en s'éloignant de cette fontaine, il trouveroit du remede à fes maux, puifqu'il n'auroit point devant fes yeux fa laideur & fa difformité. Il s'avançoit donc dans le bois; mais à peine y eut-il fait quelques pas, qu'il tomba dans un trou qu'on avoit fait pour prendre les ours; en même tems des chaffeurs qui étoient cachés fur des arbres, defcendirent & l'ayant enchaîné, le conduifirent dans la Ville capitale de fon Royaume.

Le Loup & la Brebis.

BELLE BREBIS, DISOIT UN LOUP QUI CHERCHOIT CURÉE, CHASSEZ CE BERGER, CE PÉDANT : QUOI, VOUS SUIVRA-T-IL TOUJOURS ? ÊTES-VOUS UN ENFANT ? LA BREBIS FUT ASSEZ FOÎBLE POUR CROIRE LE LOUP ; ELLE FUT DÉVORÉE.

N

Pendant le chemin, au lieu de reconnoître qu'il s'étoit attiré ce châtiment par sa faute, il maudissoit la Fée, il mordoit ses chaînes & s'abandonnoit à la rage. Lorsqu'il approcha de la Ville où on le conduisoit, il vit de grandes réjouissances ; & les chasseurs ayant demandé ce qui étoit arrivé de nouveau, on leur dit que le Prince Chéri qui ne se plaisoit qu'à tourmenter son peuple, avoit été écrasé dans sa chambre par un coup de tonnerre, car on le croyoit ainsi. Les Dieux, ajouta-t-on, n'ont pu supporter l'excès de ses méchancetés, ils en ont délivré la terre. Quatre Seigneurs, complices de ses crimes, croyoient en profiter & partager son Empire entr'eux : mais le peuple qui savoit que c'étoient leurs mauvais conseils qui avoient gâté le Roi, les a mis en pieces, & a été offrir la couronne à Suliman que le méchant Chéri vouloit faire mourir. Ce digne Seigneur vient d'être couronné, & nous célébrons ce jour comme celui de la délivrance du Royaume ; car il est vertueux & va ramener parmi nous la paix & l'abondance.

Chéri soupiroit de rage en écoutant ce discours ;

Le Cerf qui se mire dans l'eau.

Un Cerf qui se miroit dans une eau claire, méprisoit sa jambe, et vantoit beaucoup son bois. Mais un jour pressé par des Chasseurs et arrêté par sa ramure : ah, dit-il, que l'on juge souvent avec peu d'équité !

mais ce fut bien pis, lorfqu’il arriva dans la grande place qui étoit devant fon Palais. Il vit Suliman fur un trône fuperbe, & tout le peuple qui lui fouhaitoit une longue vie, pour réparer tous les maux qu’avoit faits fon Prédéceffeur. Suliman fit figne de la main pour demander filence, & il dit au peuple : j’ai accepté la couronne que vous m’avez offerte, mais c’eft pour la conferver au Prince Chéri ; il n’eft point mort, comme vous le croyez; une Fée me l’a révélé , & peut-être qu’un jour vous le reverrez vertueux comme il étoit dans fes premieres années. Hélas ! continua-t-il, en verfant des larmes, les flatteurs l’avoient féduit. Je connoîffois fon cœur, il étoit fait pour la vertu ; & fans les difcours empoifonnés de ceux qui l’approchoient, il eût été votre pere à tous. Déteftez fes vices ; mais plaignez-le , & prions tous enfemble les Dieux qu’ils nous le rendent : pour moi je m’eftimerois trop heureux d’arrofer ce trône de mon fang , fi je pouvois l’y voir remonter avec des difpofitions propres à le lui faire remplir dignement.

Les paroles de Suliman allerent jufqu’au cœur

Le Porc-Épic & le Loup.

O MON CHER PORC-ÉPIC , DISOIT UN LOUP SANGUINAIRE : TU SEROIS BEAU SANS TES PI-QUANTS ; CROIS-MOI, TU DEVROIS T’EN DÉFAIRE. OUI, LUI RÉPONDIT LE PORC-ÉPIC, MAIS QUAND LES LOUPS AURONT QUITTÉ LEURS DENTS.

de Chéri. Il connut alors combien l'attachement
& la fidélité de cet homme avoient été finceres,
& il fe reprocha fes crimes pour la premiere fois.
A peine eut-il écouté ce bon mouvement, qu'il
fentit calmer la rage dont il étoit animé : il réfléchît
fur tous les crimes de fa vie, & trouva qu'il n'étoit
pas puni auffi rigoureufement qu'il l'avoit mérité.
Il ceffa donc de fe débattre dans fa cage de fer où
il étoit enchaîné, & devint doux comme un
mouton. On le conduifit dans une grande maifon
(Ménagerie) où l'on gardoit tous les monftres &
les bêtes féroces, & on l'attacha avec les autres.
Chéri alors prit la réfolution de commencer à
réparer fes fautes, en fe montrant bien obéiffant
à l'homme qui le gardoit. Cet homme étoit un
brutal, & quoique le monftre fut fort doux, quand
il étoit de mauvaife humeur, il le battoit fans raifon.
Un jour que cet homme s'étoit endormi, un tigre
qui avoit rompu fa chaîne, fe jetta fur lui pour le
dévorer. D'abord Chéri fentit un mouvement de
joie de voir qu'il alloit être délivré de fon perfé-
cuteur; mais auffi-tôt il condamna ce mouvement,
& fouhaita d'être libre. Je rendrois, dit-il, le

L'Avare qui a perdu fon tréfor.

Mon or est pris, crioit un Avare en fureur, mon or que je conservois plus pré-
cieusement que ma vie : jamais je n'y touchois.
Et bien, lui dit un passant, ramassez quelques
coquilles; elles vous vaudront tout autant.

bien pour le mal, en fauvant la vie de ce malheureux. A peine eut-il formé ce fouhait, qu'il vit fa cage de fer ouverte : il s'élança aux côtés de cet homme qui s'étoit réveillé, & qui fe défendoit contre le tigre. Le gardien fe crut perdu, lorfqu'il vit le monftre ; mais fa crainte fut bientôt changée en joie : ce monftre bienfaifant fe jetta fur le tigre, l'étrangla & fe coucha enfuite aux pieds de celui qu'il venoit de fauver. Cet homme, pénétré de reconnoîffance, voulut fe baiffer pour carreffer le monftre qui lui avoit rendu un fi grand fervice ; mais il entendit une voix qui difoit : *une bonne action ne demeure jamais fans récompenfe*, & en même-tems il ne vit plus qu'un joli chien à fes pieds. Chéri, charmé de fa métamorphofe, fit mille careffes à fon Gardien qui le mit entre fes bras & le porta au Roi auquel il raconta cette merveille. La Reine voulut avoir le chien, & Chéri fe fût trouvé heureux dans fa nouvelle condition, s'il eût pu oublier qu'il étoit homme & Roi. La Reine l'accabloit de carreffes ; mais dans la peur qu'elle avoit qu'il devînt plus grand qu'il n'étoit, elle confulta fes Médecins qui lui

---

L'Aigle & la Pie.

UN JOUR LA PIE VINT SE PRÉSENTER POUR SERVIR L'AIGLE, ET AUSSI-TÔT ELLE SE MIT A FAIRE SON CAQUET. C'EST BIEN ASSEZ, LUI DIT L'AIGLE ; ALLEZ, MA BONNE, CHERCHER AILLEURS : GENS CAUSEURS NE SONT NULLEMENT MON FAIT.

dirent, qu'il ne falloit le nourrir que de pain, &
ne lui en donner qu'une certaine quantité. Le
pauvre Chéri mouroit de faim la moitié de la
journée; mais il falloit prendre patience.

Un jour qu'on venoit de lui donner son petit
pain pour déjeûner, il lui prit fantaisie d'aller le
manger dans le jardin du Palais; il le prit dans sa
gueule, & marcha vers un canal qu'il connoîssoit
& qui étoit un peu éloigné; mais il ne trouva plus
ce canal, & vit à la place une grande maison dont
les dehors brilloient d'or & de pierreries. Il y
voyoit entrer une grande quantité d'hommes & de
femmes magnifiquement habillés : on chantoit,
on dansoit dans cette maison, on y faisoit bonne
chere; mais tous ceux qui en sortoient, étoient
pâles, maigres, couverts de plaies & presque tout
nuds : car leurs habits étoient déchirés par lam-
beaux. Quelques-uns tomboient morts en sortant,
sans avoir la force de se traîner plus loin : d'autres
s'éloignoient avec beaucoup de peine : d'autres
restoient couchés contre terre, mourant de faim;
ils demandoient un morceau de pain à ceux qui
entroient dans cette maison; mais ils ne les re-

L'Aveugle conduit à la Cour.

UN AVEUGLE EST CONDUIT POUR AFFAIRES A LA
COUR. VOTRE ENNUI, LUI DISOIT-ON, DOIT ÊTRE
BIEN GRAND. IL EST VRAI, RÉPONDIT L'AVEUGLE;
MAIS ENFIN, AU FOND DE MA MISERE, JE VOIS,
COMME TOUS LES ROIS, AVEC LES YEUX D'AUTRUI.

gardoient pas feulement. Chéri s'approcha d'une
jeune fille qui tâchoit d'arracher des herbes pour
les manger. Touché de compaffion, le Prince
dit en lui-même : j'ai bon apétit, mais je ne
mourrai pas de faim jufques au tems de mon dîner;
fi je facrifiois mon déjeûner à cette pauvre créature, peut-être lui fauverois-je la vie. Il réfolut
de fuivre ce bon mouvement, & mit fon pain
dans la main de cette fille qui le porta à fa bouche
avec avidité. Elle parut bientôt entiérement re-
mife, & Chéri ravi de joie de l'avoir fecourue fi à
propos, penfoit à retourner au Palais, lorfqu'il
entendit de grands cris. C'étoit Zélie entre les
mains de quatre hommes qui l'entraînoient vers
cette belle maifon où ils la forcerent d'entrer.
Chéri regretta alors fa figure de monftre qui lui
auroit donné les moyens de fecourir Zélie; mais,
foible chien, il ne put qu'aboyer contre fes ra-
viffeurs, & s'efforça de les fuivre. On le chaffa à
coups de pieds, & il réfolut de ne point quitter
ce lieu, pour favoir ce que deviendroit Zélie. Il
fe reprochoit les malheurs de cette belle fille.
Hélas! difoit-il en lui-même, je fuis irrité contre

Le Riche & le Savant.

Un Riche, fier de son opulence et sans
craindre l'avenir, méprisoit un Homme de
science. La guerre réduisit le Riche a la
mandicité, tandis que le Savant fut toujours bien traité et bien reçu par-tout.

ceux qui l'enlevent ; n'ai-je pas commis le même crime ? Et si la justice des Dieux n'avoit prévenu mon attentat, ne l'aurois-je pas traitée avec autant d'indignité ?

Les réflexions de Chéri furent interrompues par un bruit qui se faisoit au-dessus de sa tête. Il vit qu'on ouvroit une fenêtre, & sa joie fut extrême lorsqu'il apperçut Zélie qui jettoit par cette fenêtre un plat plein de viandes si bien apprêtées, qu'elles donnoient apétit à voir. On referma la fenêtre aussi-tôt, & Chéri qui n'avoit pas mangé de toute la journée, crut qu'il devoit profiter de l'occasion. Il alloit donc manger de ces viandes, lorsque la jeune fille à laquelle il avoit donné son pain, jetta un cri, & l'ayant pris dans ses bras : pauvre petit animal, lui dit-elle, ne touche point à ces viandes ; cette maison est le Palais de la volupté : tout ce qui en sort est empoisonné. En même-tems, Chéri entendit une voix qui disoit : tu vois qu'une bonne action ne demeure point sans récompense ; & aussi-tôt il fut changé en un beau petit pigeon blanc. Il se souvint que cette couleur étoit celle de Candide, & commença à espérer qu'elle pourroit

---

Le Conquérant & le Corsaire.

UN CONQUÉRANT SUR MER AYANT RENCONTRÉ UN CORSAIRE, LE TRAITA DE VOLEUR. CELUI-CI, HOMME FRANC, LUI DIT : JE SUIS VOLEUR, PARCE QUE JE N'AI QU'UNE FRÉGATE, SI J'AVOIS COMME TOI CENT VAISSEAUX, JE SEROIS CONQUÉRANT.
enfin

enfin lui rendre ses bonnes graces. Il voulut d'abord s'approcher de Zélie, & s'étant élevé en l'air, il vola tout au tour de la maison, & vit avec joie qu'il y avoit une fenêtre ouverte; mais il eut beau parcourir toute la maison, il n'y trouva point Zélie, & désespéré de sa perte, il résolut de ne point s'arrêter qu'il ne l'eût rencontrée. Il vola pendant plusieurs jours; & étant entré dans un désert, il vit une caverne de laquelle il s'approcha. Quelle fut sa joie! Zélie y étoit assise à côté d'un vénérable Hermite, & prenoit avec lui un frugal repas.

Chéri transporté vola sur l'épaule de cette charmante bergere, & exprimoit par ses caresses le plaisir qu'il avoit de la voir. Zélie charmée de la douceur de ce petit animal, le flattoit doucement avec la main, & quoiqu'elle crût qu'il ne pouvoit l'entendre, elle lui dit qu'elle acceptoit le don qu'il lui faisoit de lui-même, & qu'elle l'aimeroit toujours. Qu'avez-vous fait, Zélie ? lui dit l'Hermite : vous venez d'engager votre foi. Oui, charmante Bergere, lui dit Chéri, qui reprit à ce moment sa forme naturelle, la fin de ma métamor-

---

Le Chêne & le Roseau.

UN GROS CHÊNE MÉPRISOIT UN ROSEAU TENDRE ET FOÎBLE, ET LUI DISOIT QU'IL PLIOIT AU MOINDRE VENT. UNE VIOLENTE TEMPÊTE DÉRACINA LE CHÊNE ET LE FIT TOMBER. SOUVENT IL VAUT MIEUX PLIER QUE VOULOIR SE DÉFENDRE.

O

phose étoit attachée au consentement que vous donneriez à notre union. Vous m'avez promis de m'aimer toujours ; confirmez mon bonheur, ou je vais conjurer la Fée Candide, ma protectrice, de me rendre la figure sous laquelle j'ai eu le bonheur de vous plaire. Vous n'avez point à craindre son inconstance, lui dit Candide, qui quittant la forme de l'Hermite sous laquelle elle s'étoit cachée, parut à leurs yeux telle qu'elle étoit en effet. Zélie vous aima aussi-tôt qu'elle vous vit ; mais vos vices la contraignirent à vous cacher le penchant que vous lui aviez inspiré. Le changement de votre cœur lui donne la liberté de se livrer à toute sa tendresse. Vous allez vivre heureux, puisque votre union sera fondée sur la vertu.

Chéri & Zélie s'étoient jettés aux pieds de Candide. Le Prince ne pouvoit se lasser de la remercier de ses bontés, & Zélie enchantée d'apprendre que le Prince détestoit ses égaremens, lui confirmoit l'aveu de sa tendresse. Levez-vous, mes enfans, leur dit la Fée : je vais vous transporter dans votre Palais, pour rendre à Chéri une couronne de laquelle ses vices l'avoient rendu indigne.

Le Laboureur & ses Enfans.

Un Pere habile disoit a ses enfans : fouillez bien dans ce champ, un trésor y est caché quelque part. Le champ bêché vingt fois n'en devint que plus fertile. Le travail est toujours un trésor assuré.

A peine eut-elle ceſſé de parler, qu'ils ſe trou-verent dans la chambre de Suliman, qui, charmé de revoir ſon cher maitre devenu vertueux, lui abandonna le trône & reſta le plus fidele de ſes ſujets. Chéri régna long-tems avec Zélie, & on dit qu'il s'appliqua tellement à ſes devoirs, que la bague qu'il avoit repriſe, ne le piqua pas une ſeule fois juſqu'au ſang.

RÉFLÉXIONS.

CE N'EST POINT L'ÉPÉE QUI DOMPTE LA COLERE DES AUTRES, MAIS LA PAROLE DOUCE ET HUMBLE. QUAND ILS CRIENT, NOUS CRIONS NOUS-MÊMES; NOUS EMPLOYONS LES INJURES, LES MENACES ET LES MOYENS VIO-LENTS POUR LES FAIRE TAIRE, ET NOUS OU-BLIONS QU'IL NE FAUT QU'UN MOT DE DOU-CEUR ET DE CIVILITÉ.

UNE LANGUE DOUCE, DISCRETE ET ÉLO-QUENTE EST L'ARBRE DE VIE DANS LA MAI-SON ET DANS LA COMPAGNIE OU ELLE EST. CHACUN EN TIRE DES FRUITS DE CONSOLA-TION ET DES REMEDES POUR LES INQUIÉTU-DES ET POUR LES AUTRES MALADIES INTÉ-RIEURES. ELLE GUÉRIT TOUTES LES PLAIES

DE NOTRE AME; MAIS LA LANGUE TÉMÉRAIRE EST UNE ÉPÉE QUI LA BLESSE, ET QUI PAR SES PAROLES INCONSIDÉRÉES LUI PORTE DES COUPS MORTELS JUSQU'AU FOND DU CŒUR.

IL Y A CERTAINES GENS DONT LA SCIENCE EST DE SAVOIR TOUT CE QU'IL Y A DE HON-TEUX DANS LA MAISON ET DANS LA VIE DE CHAQUE PERSONNE, ET DONT L'EMPLOI EST D'EN PARLER SANS CESSE, ET DE LE PUBLIER PAR-TOUT.

C'EST ÊTRE BIEN SAGE QUE D'ÉVITER LA RENCONTRE DE CES GENS-LA.

T A B L E

Qui indique le moyen de lier les mots. Il fera bon que les Enfans la parcourent plufieurs fois, & après, on leur fera exécuter les liaifons dans le cours d'une lecture quelconque.

bien utile	*fe prononce comme*	bien-n'utile.
mes amis	. . . . . .	mes-z'amis.
elle arrive	. . . .	el-l'arrive.
doit être	. . . .	doi-t'être.

son habit . . . . , . son-n'habit.
deux épées . . . . . deux-z'épées.
trop entêté . . . . . tro-p'entêté.
l'un & l'autre . . . l'un-n'et l'autre.
grand homme . . . . grand-t'homme.
dix écus. . . . . . . dix-z'écus.
très-habile . . . . . très-z'habile.
on enseigne . . . . . on-n'enseigne.
aux autres , . . . , aux-z'autres.
en étourdi . . . . . en-n'étourdi.
après avoir . . , . . . après-z'avoir.
un insensé . . . . . un-n'insensé.
cinq assiettes. . . . cinq-qu'assiettes.
avec esprit . . . . . avec-qu'esprit.
pas étonnant . . . . pas-z'étonnant.
neuf ans . . . . neuf-v'ans.

AVIS.

LA lecture du Latin n'eſt pas difficile pour les Enfans qui ont appris celle du François par cette méthode. Comme il n'y a que quelques ſons à changer, il ne leur faut ordinairement guere plus de huit ou dix leçons, pour qu'ils le liſent couramment; mais on recommande de ne les y faire paſſer que lorſqu'ils ſont bien affermis dans la lecture du François.

On leur fera obſerver que toutes les lettres finales, ou figures, ſe font ſentir dans la prononciation latine.

TABLE

Des Sons Latins.

Un dé . . . . . e œ æ	Un raiſin . . . en ens ent
Une veſte . . . . . . eſt	Un . . . . unc nunc ⎰
Une abeſſe . . . . . es	. . . tunc cunc hunc ⎱
Une ville ill	Un cha *ſſis* . . . . ti
Une fourchette . . & et	Une perru *que* . . . ch
Un homme . . um om ⎰	Du ſu *cre* . . . . . chr
. . . . am em im ⎱	Un ambi *gu* . . . . gu
Une danſe . . ans ins ons ⎰	Des fa *gots* . . . . gu
. . . . ant int ont ⎱	Un é *cu* . . . . . qu
Une canne . . an en in on	Des abri *cots* . . . qu
Un mouton . . un uns unt	Gn *comme* guene . . gn

Répétition des mêmes Sons.

Premier Ordre.

unt eſt hunc gu int em un e ant om ti es
nunc an ons œ on uns ch ens ill tunc ans am
qu æ in chr & im et en gn ent cunc um ins
ont unc.

Second Ordre.

gu un om hunc an œ on um am in & ent
unc et ont nunc eſt em ant es ons ens tunc
æ chr uns en ins unt int e ti qu gn cunc ch.
ill im ans.

SYLLABES LATINES

*Dans leſquelles chaque terminaiſon eſt exprimée
pluſieurs fois , afin d'affermir promptement les
Enfans ſur la lecture des mots latins , même les
plus difficiles.*

e

be fe ge le cre fle pe me tre de cle je fre ne
ple dre phe fe bre ve te pre gle ſpe ſle ſtre
vre ble re cte xe ze pte.

œ

bœ fœ jœ lœ crœ flœ pœ mœ trœ dœ clœ
frœ nœ plœ.

æ

dræ præ ſæ bræ væ tæ præ glæ ſpæ ſtæ græ vræ
blæ ræ &æ xæ

es

bes ſes ges les cres fles pes mes tres des cles
fres nes ples dres phes ſes bres ves tes pres
gles ſpes ſtes ſtres gres vres bles res &es xes
zes ptes jes.

ill

illam illas ille illa illos illud illic illum illius
illinc illæ illis illes illuc illorum illarum illæ.

eſt

beſt feſt geſt leſt creſt fleſt peſt meſt treſt deſt
cleſt freſt.

qu *comme* co

quo qua quam quas quos quot quod quat qua
quant quar quum quam quunt quum quant quos
quas quam quod qua quar quo quunt quod quat
quant quot quum quos quas quod quant qua
quar quunt quat quot quam quo.

qu *comme* cu

qui quem quinque quid quæ quis quent quens
quit ques quim quint quet quin que quens quint
quæ qui quin quid quit quim ques quis quet
quem que ques quens quid quis quin quem
quent quæ quet qui.

ch

ch

cha chi chu chunt chim chor chas chos chans
chis che cho chant cham chir cher chem chans
cher chum chæ chunt.

chr

chre chris chram chras chrunt chri chres
chrum chris chros chrons chret chrus chrans
chret chrens chro chres chram chron chræ chrent
chrunt.

gu *comme* guu

gue gues guem guim guens gui guæ guent gues
guæ guem guens guet guen gue guas guent guim
guem.

gu *tantôt* guu *tantôt* go

guam guas gunt guant gua guans guo gunt guax
guat guar guant guas guat guans guam gua guant
guos guax guo gunt.

am

guam nam plam dram pham fam bram vam tam
pram glam fquam chram quam.

em

fpem ftem ftrem chrem grem quem vrem rem
blem ctem zem xem bem fem ptem guem.

im

lim gim chim crim gnim flim chrim pim mim
trim quim dim clim frim guim nim fquim.

gn

gna gni gnens gnet gne gnu gno gner gnunt
gnes gnæ gnam gnis gnent gnim gnans gnem
gnant gnos gnunt gnas gnus gnum gnat gnem
gnent gnis gnas gnam gnæ gnens gnum gnet
gnes gnat.

unc *comme* unque

unc nunc tunc cunc hunc hac hæc hic hoc huc
hinc nunc hanc illinc tunc illuc istuc illic hunc
illinc hæc tunc hac illuc cunc hoc tunc istinc
hanc nunc.

ti *comme* ci

tia tiæ tiam tiis tiarum tias tium tii tius tio
tiens tians ties tiu tiem tiim tie tios tient tium
tiæ tiunt tians ties tii tient tiam tiint tiunt tiens
tient tiem ties.

om

plom drom phom guom ſom brom vom tom
prom glom ſquom ſpom chom ſtom ſtrom chrom
grom quom gnom.

um

blum rum ctum ptum xum ſum brum vum rum
prum cum glum ſquum ſpum ſtum grum quum
vrum ſtrum bum ſum guum lum chum crum
gnum flum pum mum chrum gnum cum plum.

an

yran blan chran ran ctan guan zan ptan xan

ban fan gan lan chan quan cran van flan pan
fquan chan.

en

men tren den chren clen fren guen nen plen
dren phen chen fen quen bren ven ten pren
glen fquen gnen.

in

fpin ftin grin ftrin quin vrin blin rin ctin xin
guin chrin gnin zin ptin bin fin gin lin.

on

chon cron gnon chron flon pon mon tron don
non clon fron guon plon dron phon quon fon
lon fquon.

un

bun fun gun lun cun crun gnun chun flun
pun mun trun dun clun frun guun fun run
lun.

et

net tet gret chet gnet det quet met plet ftet
get guet fet blet cet cret.

ans

nans plans drans phans fans chrans brans vans
tans prans glans fquans fpans ftans grans bans
gnans ftrans plans.

ant

prant glant ſquant ſpant grant quant gnant ſtant
vrant ſtrant blant cant guant vant chrant ɛtant
tant xant ptant zant gant bant.

ens

quens vrens blens rens chrens ɛtens xens zens
ptens bens fens tens gens lens chens crens gnens
plens dens.

ent

bent fent gent lent chent crent gnent flent pent
ment trent dent clent chrent frent guent nent
ſtent phent flent.

int

plint drint phint ſint chrint brint vint tint pint
glint guint ſpint grint ſtint quint vrint.

unt

blunt runt chrunt ɛtunt xunt zunt ptunt bunt
funt guunt lunt chunt crunt gnunt flunt punt
munt trunt dunt clunt frunt guunt nunt plunt
drunt phunt crunt brunt vunt tunt prunt glunt
ſquunt ſpunt ſtunt quunt funt.

ons

flons pons mons trons dons clons frons guons
nons plons fons gons drons chons phons fons
brons vons tons.

PIÉCE

DE LECTURE,

Dans laquelle toutes les Terminaisons Latines font repétées par différents mots.

Vide charitatibus villam fatiatur qui familiæ chriftianis eft columnam veniet prudentiæ quo & timebunt cœleftibus hac chriftianus reverentiam nunc languidus dicens experientiis noctem fedes legerint ineptias in chorus exundantem confluentium fulgent vim potius probationum amant omnes hæc non mutaverunt negotiantem cum mutans magnus lumen nunc an linguam reverentiam.

Germinare euchariftia humillimas abfentia notæ quem & chrifte columbam amet adolefcentiæ legunt hic cœleftium qua chriftum infolentiam tunc languens violentiis docens feptem comes docuerint impatientias mons fecunditate chori viventium legent audiverim diutius credant communis hoc delineationis nonne adeuntium negotiantium putans magnum femen tunc annus linguas erunt abfentia.

Generatio machinabatur illæ fentiamur quin præfentium chriftianos eft huc facundiam licet magnificentiæ audiunt cœcarum quam antichriftum malitiam hunc languet legens & opulentiis languentem dies fint delitias fons loquuntur choro præfentium mulcent docuerim citius hac ignorant expectatio omnia nonnullus morbum nego-

tiantibus amans magnopere nomen fuerunt hunc
annales linguarum.

Eatur chartarius ancillas ingentia alioquin fen-
tentiæ chriftus & mifericordiam leget juftitiæ
poffunt cœnobia quas funt chronologum nequi-
tiam cunctandus languefecit rigens hominem &
munificentiarum Anchifes fuerint licentias in hæc
voluntas & chorum vitii celebrent legerim fanctius
exiftimant commune nonnunquam explorationem
fummum negotianti exaltans magnificum crimen
cunctandus anne linguans fcierunt.

Procedit chelidoniæ illa vitia que politicæ chri-
ftianum eft quoniam deprimeret triftitiæ induxe-
runt cœlicolis quot chriftinam cunctantis fanguis
fcientiam avaritiarum potens nationem feles pof-
fint reverentias fons obfequuntur choræ folatii
refpondent fitim amputarunt præftantius doceant
commune patientiam nonnufquam & lumbum
hic negotiatio flamen magnificat conantem nunc
annexus linguantis.

Fidei chiromantiis facillimum præftantia quæ
ezechiæ taceret chriftianiffimum & burgundiam
elegantiæ deducunt quod cœliferarum chrombum
pœnitentiam cunctatio fanguinis cupiens invidia-
rum æmulationem miles confignaverint confcien-
tias pons hoc nunquam choris filentii poffent eft
fecurim potentius parant omnium merferunt pa-
tientes nonnulli clamans plumbum negotiatrium
dedignatur cognomen cunctantis & annona lin-
guantem.

Acceperant chorda millibus pugnantia aliquem
elifæum chrema eft tædam digereret gratiæ vio-
larunt cœnaculis aliquot chriftianiffimum fapien-

tiam tunc fanguinum & videns abundantiarum fundatorum doces audiverint nuptias in eundum chorda pretii fuperent diligerim propitius huc cum laborant omne patientem non quoties lacrimans expugnabunt carmen tunc annotat linguantes fleverunt.

Itaque chromatis illud luctantia quid ignorantiæ chrifma & etiam ambularet impudentiæ pereunt aliquod chronicam fententiam cunctatus languefcens hac ridens indulgentiarum generationem leges confonuerint imperantium mons eundem chordam exitii diffimulent abjecerim fapientius omnipotens notant patiendi non etiam hæc meum toties magnificentia fœdarunt eft rigans agmen cunctatio annua linguantibus.

Quotidie chorus illam patientia quifque tractandæ chrifmatis eft priftinam imprimeret malitiæ refponderunt cœnationibus quondam chriæ folertiis cunctantur languide cadens opulentiarum eundem dulces laboraverint laudantium fons & ftabiliuntur charus flagitii relinquent exploraverim cum latius exarant eft omnipotentis patiens non idem poffunt noftrum quoties flagrans pugnavit certamen hunc annulus linguas amen.

TABLE DES ABRÉVIATIONS

Ufitées tant dans le Latin que dans le François, & fur-tout dans la Gazette, rangées felon l'ordre Alphabétique.

J. C. Jefus-Chrift.

L. M. Leurs Majeftés, en parlant du Roi & de la Reine.

L. H. P. Leurs Hautes-Puiffances, en parlant de la Hollande, que l'on appelle encore les Etats Généraux.

Mgr. Monfeigneur.

M^r. Monfieur.

M^e. Maître.

M^{re}. Meffire.

Mme. Madame.

Mlle. Mademoifelle.

N. D. Notre Dame, c'eft-à-dire, la fainte Vierge.

N. S. J. C. Notre Seigneur Jefus-Chrift.

Le P. R. Le Prince Royal. C'eft ainfi qu'on appelle le fils aîné du Roi de Pologne & du Roi de Pruffe.

La R. P. R. La religion prétendue réformée.

S. A. Son Alteffe. Qualité qu'on donne aux Princes & Princeffes.

S. A. E. Son Alteffe Électorale. Titre qu'on donne aux Princes électeurs de l'Empire.

S. A. R. Son Alteffe Royale. Titre qu'on donne aux Électeurs qui font Rois, quand on ne les confidere que comme Electeurs, & aux Princes & Princeffes du Sang.

S. A. S. Son Alteffe Séréniffime.

S. E^m. Son Eminence. Qualité d'un Cardinal.

S. E^x. Son Excellence. Titre qu'on donne aux Ambaffadeurs & aux Maréchaux de France.

S. G. Sa Grandeur. Titre d'un Evêque & d'un Archevêque.

S. H.

S. H. Sa Hauteffe, l'Empereur des Turcs.
S. M. Sa Majefté ou le Roi.
S. M. Brit. Sa Majefté Britanique, le Roi d'Angleterre.
S. M. C. Sa Majefté Catholique, le Roi d'Efpagne.
S. M. T. C. Sa Majefté Très-Chrétienne, le Roi de France.
S. M. Dan. Sa Majefté Danoife, le Roi de Danemarck.
S. M. Imp. Sa Majefté Impériale, l'Empereur.
S. M. Nap. Sa Majefté Napolitaine, le Roi de Naples.
S. M. Pol. Sa Majefté Polonoife, le Roi de Pologne.
S. M. Port. Sa Majefté Portugaife, le Roi de Portugal.
S. M. Suéd. Sa Majefté Suédoife, le Roi de Suéde.
S. S. Sa Sainteté, ou le Pape.
Ant. Antienne.
Ibid. Ibidem, *ou* le même.
Pf. Pfeaume.
℣. Verfet.
℟. Répond.

Abréviations Latines.

Ant. Antiphona.
D. O. M. Deo optimo maximo.
Ibid. Ibidem.
Nª. Nota.
N. B. Nota bene.
P. C. Patres confcripti.
P. S. Poft fcriptum.
Pf. Pfalmus.
R. P. Res publica.
S. P. Q. R. Senatus Populufque Romanus.
V. G. Verbi gratiâ.
℣. Verfus.
&c. Et cætera.

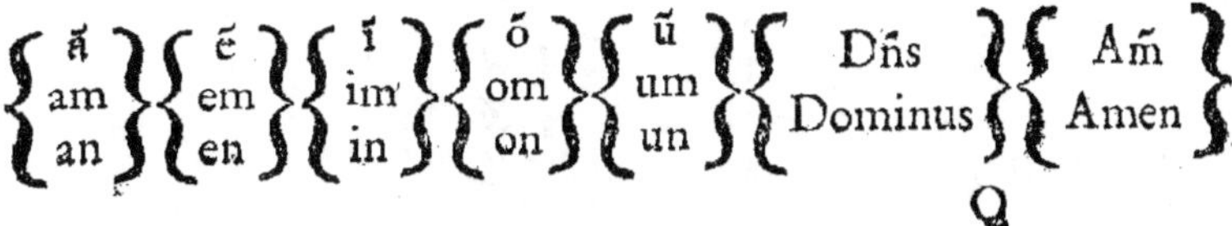

Q

Autre Table pour apprendre à connoître les Chiffres Arabes & Romains.

un	1	I.
deux	2	II.
trois	3	III.
quatre	4	IV.
cinq	5	V.
six	6	VI.
sept	7	VII.
huit	8	VIII.
neuf	9	IX.
dix	10	X.
onze	11	XI.
douze	12	XII.
treize	13	XIII.
quatorze	14	XIV.
quinze	15	XV.
seize	16	XVI.
dix-sept	17	XVII.
dix-huit	18	XVIII.
dix-neuf	19	XIX.
vingt	20	XX.
vingt-un	21	XXI.
vingt-deux	22	XXII.
vingt-trois	23	XXIII.
vingt-quatre	24	XXIV.
vingt-cinq	25	XXV.
vingt-six	26	XXVI.
vingt-sept	27	XXVII.
vingt-huit	28	XXVIII.
vingt-neuf	29	XXIX.
trente	30	XXX.
trente-un	31	XXXI.
trente-deux	32	XXXII.
trente-trois	33	XXXIII.
trente-quatre	34	XXXIV.
trente-cinq	35	XXXV.

	Arabes.	Romains.
trente-six	36	XXXVI.
trente-sept	37	XXXVII.
trente-huit	38	XXXVIII.
trente-neuf	39	XXXIX.
quarante	40	XL.
quarante-un	41	XLI.
quarante-deux	42	XLII.
quarante-trois	43	XLIII.
quarante-quatre	44	XLIV.
quarante-cinq	45	XLV.
quarante-six	46	XLVI.
quarante-sept	47	XLVII.
quarante-huit	48	XLVIII.
quarante-neuf	49	XLIX.
cinquante	50	L.
cinquante-un	51	LI.
cinquante-deux	52	LII.
cinquante-trois	53	LIII.
cinquante-quatre	54	LIV.
cinquante-cinq	55	LV.
cinquante-six	56	LVI.
cinquante-sept	57	LVII.
cinquante-huit	58	LVIII.
cinquante-neuf	59	LIX.
soixante	60	LX.
soixante-un	61	LXI.
soixante-deux	62	LXII.
soixante-trois	63	LXIII.
soixante-quatre	64	LXIV.
soixante-cinq	65	LXV.
soixante-six	66	LXVI.
soixante-sept	67	LXVII.
soixante-huit	68	LXVIII.
soixante-neuf	69	LXIX.
soixante-dix	70	LXX.
soixante-onze	71	LXXI.
soixante-douze	72	LXXII.

	Arabes.	Romains.
ſoixante-treize	73	LXXIII.
ſoixante-quatorze	74	LXXIV.
ſoixante-quinze	75	LXXV.
ſoixante-ſeize	76	LXXVI.
ſoixante-dix-ſept	77	LXXVII.
ſoixante-dix-huit	78	LXXVIII.
ſoixante-dix-neuf	79	LXXIX.
quatre-vingt	80	LXXX.
quatre-vingt-un	81	LXXXI.
quatre-vingt-deux	82	LXXXII.
quatre-vingt-trois	83	LXXXIII.
quatre-vingt-quatre	84	LXXXIV.
quatre-vingt-cinq	85	LXXXV.
quatre-vingt-ſix	86	LXXXVI.
quatre-vingt-ſept	87	LXXXVII.
quatre-vingt-huit	88	LXXXVIII.
quatre-vingt-neuf	89	LXXXIX.
quatre-vingt-dix	90	XC.
quatre-vingt-onze	91	XCI.
quatre-vingt-douze	92	XCII.
quatre-vingt-treize	93	XCIII.
quatre-vingt-quatorze	94	XCIV.
quatre-vingt-quinze	95	XCV.
quatre-vingt-ſeize	96	XCVI.
quatre-vingt-dix-ſept	97	XCVII.
quatre-vingt-dix-huit	98	XCVIII.
quatre-vingt-dix-neuf	99	XCIX.
cent	100	C.
deux cents	200	CC.
trois cents	300	CCC.
quatre cents	400	CCCC.
cinq cents	500	D.
ſix cents	600	DC.
ſept cents	700	DCC.
huit cents	800	DCCC.
neuf cents	900	DCCCC.
mille	1000	M.
&c.	&c.	&c.

ERRATA.

Page 11, *lig.* 19, fur lefquelles, *lifez*, lefquels.
Pag. 17, *lig.* 9, un bouffu, *lif.* un boffu.
Pag. 56, *lig.* 12, acquiert, *lif.* acquiere.

On ne regardera pas comme une faute, ou comme une innovation, l'accent circonflexe fur l'*i* dans les mots *foíble*, *connoíffance*, &c. parçe qu'il n'a été ainfi placé qu'en faveur des Enfans.

J'AI lu, par ordre de Monseigneur le Garde des Sceaux, un Imprimé ayant pour titre : *le Quadrille des Enfans*, ainsi que les Additions & Corrections qui y ont été faites par M. *Alexandre*. Il m'a paru que les soins de l'Editeur ne pouvoient qu'ajouter un nouveau prix à cette ingénieuse Méthode , dont le mérite est reconnu depuis long-temps. A Paris, le 23 Septembre 1783.

Signé, JUNKER, Censeur Royal.

PRIVILEGE DU ROI.

LOUIS, par la grace de Dieu, Roi de France & de Navarre : A nos amés & féaux Conseillers, les Gens tenans nos Cours de Parlement, Maîtres des Requêtes ordinaires de notre Hôtel, Grand-Conseil, Prévôt de Paris, Baillifs, Sénéchaux, leurs Lieutenans-Civils, & autres nos Justiciers qu'il appartiendra; SALUT : Notre amée la veuve BERTHAUD nous a fait exposer qu'elle désireroit faire imprimer & donner au Public *le Quadrille des Enfans, pour apprendre à lire, à l'usage des Enfans de Monseigneur le Duc de Chartres, par feu M. BERTHAUD, nouvelle Edition, revue, abrégée & perfectionnée ;* s'il nous plaisoit lui accorder nos Lettres de Privilége à ce nécessaires : A CES CAUSES, voulant favorablement traiter l'Exposante, nous lui avons permis & permettons de faire imprimer ledit Ouvrage autant de fois que bon lui semblera, & de le vendre, faire vendre par-tout notre Royaume. Voulons qu'elle jouisse de l'effet du présent Privilége, pour elle & ses hoirs à perpétuité, pourvu qu'elle ne le rétrocede à personne ; & si cependant elle jugeoit à propos d'en faire une cession, l'acte qui la contiendra sera enregistré en la Chambre Syndicale de Paris, à peine de nullité, tant du Privilége que de la cession, & alors par le fait seul de la cession enregistrée, la durée du présent Privilége sera réduite à celle de la vie de l'Exposante, ou à celle de dix années, à compter de ce jour, si l'Exposante décede avant l'expiration desdites dix années. Le tout conformément aux articles IV & V de l'Arrêt du Conseil du 30 Août 1777, portant Réglement sur la durée des Priviléges en Librairie. Faisons défenses à tous Imprimeurs, Libraires & autres personnes de quelque qualité & condition qu'elles soient, d'en introduire d'impression étrangere dans aucun lieu de notre obéissance; comme aussi d'imprimer ou faire imprimer, vendre, faire vendre, débiter ni contrefaire ledit Ouvrage, sous quelque prétexte que ce puisse être, sans la permission expresse & par écrit de ladite Exposante, ou de celui qui la représentera, à peine de saisie & de confiscation des Exemplaires contrefaits, de six mille livres d'amende, qui ne pourra être modérée, pour la premiere fois, de pareille amende & de déchéance d'état en cas de récidive, & de tous dépens, dommages & intérêts, conformément à l'Arrêt du Conseil du 30 Août 1777, concernant les contrefaçons. A la charge que ces présentes seront enregistrées tout au long sur le Registre de la Communauté des Imprimeurs & Libraires de Paris, dans trois mois de la date d'icelles ; que l'impression dudit Ouvrage sera faite dans notre Royaume & non ailleurs, en bon papier & beaux caracteres, conformément aux Réglemens de la Librairie, à peine de déchéance du présent Privilege : qu'avant de l'exposer en vente, le Manuscrit qui aura servi de copie à l'impression dudit Ouvrage, sera remis dans le même état où l'Approbation y aura été donnée , ès mains de notre très-cher & féal Chevalier, Garde des Sceaux de France , le Sieur HUE DE MIROMENIL , Commandeur de nos Ordres ; qu'il en sera ensuite remis deux exemplaires dans notre Bibliotheque publique, un dans celle de notre Château du Louvre , & un dans celle de notre très-cher & féal Chevalier , Chancelier de France le Sieur DE MAUPEOU , & un dans celle dudit Sieur HUE DE MIROMENIL. Le tout à peine de nullité des Présentes ; du contenu desquelles vous mandons & enjoignons de faire jouir ladite Exposante & ses hoirs, pleinement & paisiblement , sans souffrir qu'il leur soit fait aucun trouble ou empêchement. Voulons que la copie des Présentes , qui sera imprimée tout au long au commencement ou à la fin dudit Ouvrage , soit tenue pour duement signifiée , & qu'aux copies collationnées par l'un de nos amés & féaux Conseillers-Secrétaires, foi soit ajoutée comme à l'original. Commandons au premier notre Huissier ou Sergent sur ce requis, de faire pour l'exécution d'icelles tous Actes requis & nécessaires, sans demander autre permission , & nonobstant clameur de Haro, Charte Normande, & Lettres à ce contraires. Car tel est notre plaisir. Donné à Paris le vingt-sixieme jour de Septembre, l'an de grace mil sept cent quatre-vingt-trois, & de notre Regne le dixieme. Par le Roi, en son Conseil.

Signé, L E B E G U E.

Registré sur le Registre de la Chambre Royale & Syndicale des Libraires & Imprimeurs de Paris. N°. 3021 , fol. 945 , conformément aux dispositions énoncées dans le présent Privilege, & à la charge de remettre à ladite Chambre les huit Exemplaires prescrits par l'article CVIII. du Réglement de 1723. A Paris, ce 26 Septembre 1783.

L E C L E R C , Syndic.

<hr>

De l'Imprimerie de P. D. COUTURIER,
Quai des Augustins , près l'Eglise, au Coq.